W0094436

GÜTERSLOHER
VERLAGSHAUS

Gerhard Engelsberger

Wunder wege

Sinngeschichten
und Impulstexte

Gütersloher Verlagshaus

Bibliografische Information der Deutschen Nationalbibliothek
Die Deutsche Nationalbibliothek verzeichnet diese Publikation
in der Deutschen Nationalbibliografie; detaillierte bibliografische
Daten sind im Internet über https://portal.dnb.de abrufbar.

Verlagsgruppe Random House FSC® N001967.
Das für dieses Buch verwendete FSC®-zertifizierte Papier
Munken Premium Cream liefert Arctic Paper Munkedals AB, Schweden.

Quellennachweis: Die Bibelzitate stammen aus: Lutherbibel, revidierter Text 1984, durchgesehene Ausgabe. © 1999 Deutsche Bibelgesellschaft, Stuttgart.

1. Auflage
Copyright © 2015 by Gütersloher Verlagshaus, Gütersloh,
in der Verlagsgruppe Random House GmbH, München

Umschlagmotiv: © frilled_dragon – Fotolia.com
Abbildung Nautilus-Schnecke: Nemo/pixabay
Druck und Einband: CPI – Ebner & Spiegel, Ulm
Printed in Germany
ISBN 978-3-579-07426-9

www.gtvh.de

geh staunen

nimm
ein Kind
an der Hand

lass dich
führen

Kinder
wissen
den Weg

nimm mit
einen Schirm
ein Täschchen
wenige Münzen
keinen Plan
dann geh

du wirst
dich
wundern

Inhalt

Vorwort

Wanderwege und Wanderführer gibt es millionenfach.
Wunderwege, gar Wunderführer sind äußerst selten.

Die Schriften der Religionen sind Kostbarkeiten.
Die Bibel ist mir der wichtigste Wunderführer.
Der Mann aus Nazareth, so die übereinstimmende Meinung seiner Zeitgenossen, ging Wunderwege. Ihnen zu folgen ist eines der Ziele dieses Buches.
Dabei bin ich mir gewiss, dass Wunderwege von Haus zu Haus führen, Mensch und Mitmenschen verbinden. Wunderwege sind kunterbunt, gehen kreuz und quer, vor und zurück, widerstehen gelegentlich dem »Fort-Schritt«. Natürlich gibt es darunter auch Umwege. Aber sie führen immer von Tür zu Tür.
Jesus war kein Heiler, den man bestellen konnte.
Seine Wege waren bekannte Wege. Wege, die von vielen gegangen wurden. Seine Schritte waren kurz. Er hat nicht »weitausgreifend« geheilt.
Jesus war ein Weg-Mensch. Ging zu den Menschen. War ein Unterwegs-Heiler.

Jesus war ein Jahr unterwegs. Eines der Evangelien erzählt von drei Jahren.
Siddharta Gautama (Buddha) blieb 45 Jahre am Ufer des Neranjara-Flusses bei Bodhgaya unter einer Pappelfeige sitzen.
Mohammeds Hidschra dauerte jahrelang.
Man kann daraus keine »religiöse Pflicht« ablesen: Bleiben und Gehen sind offensichtlich dem einen Gott zweitrangig.

Wunder, das werden wir in diesem Buch entdecken, darf man nicht verwechseln mit Zauberei. Wunder haben eine Tiefendimension, die die Seele erreicht. Wo beim Zaubern allenfalls das

Rätsel hinter dem Trick offen bleibt, lässt das Wunder eine verwandelte Seele zurück. Als ob für einen kürzesten Augenblick das Innerste nach außen gekehrt gewesen wäre. Weil Wunder diese Tiefendimension haben, bleiben sie auch »innen« haften. Es bleibt so etwas wie ein »Nachleuchten«.

Mehr und mehr junge Eltern rechnen mit Schutzengeln für ihre Kinder. Sie scheinen die Wunderwege auszuleuchten. So möchte auch ich wieder klein beginnen: Ich darf das zusammen mit vier Enkeln, mit Lukas, Amelie, Jona und Paul, denen ich viele Wunderwege und die nicht nachlassende Fähigkeit, zu staunen, wünsche. Ihnen seien die »Wunderwege« gewidmet.

Gerhard Engelsberger, im Advent 2014

Da erschien der Engel des Herrn
dem Josef im Traum und sprach:
Steh auf, nimm das Kindlein und seine Mutter
mit dir und flieh nach Ägypten ...
Da stand er auf
und nahm das Kindlein
und seine Mutter mit sich
bei Nacht und entwich nach Ägypten.

Matthäus 2,14

Adam, steh auf

Adam
jetzt

endlich wirst du der Fesseln ledig
deine Füße stehen auf weitem Raum
der Engel vor dem Paradies hat sich zurückgezogen
deine Kinder opfern auf einem gemeinsamen Altar
Eva spielt mit ihren Enkeln am Nest der Natter

Menschen gehen ihre Wege ohne Kainsmal
niemand wird verfolgt wegen der Sünde der Väter
Mauern fallen
keiner bewacht Brücken
ein jeder gibt mit Sommerhänden

Adam
steh auf

Für Bibelkundige:
Und Gott der HERR machte Adam und seiner Frau Röcke von Fellen und zog sie ihnen an. ... Und er trieb den Menschen hinaus und ließ lagern vor dem Garten Eden die Cherubim mit dem flammenden, blitzenden Schwert, zu bewachen den Weg zu dem Baum des Lebens. (1. Mose 3,21.24)

Engel leuchten den Weg

Er trägt im Matthäusevangelium keinen Namen.
Er ist (nur) »der Engel des Herrn«.
Er kennt die Gefahr.
Er kennt einen Fluchtweg.
Er sorgt dafür, dass das Wunder nicht gefährdet wird.
Zwischen Weihnachten und Epiphanias,
zwischen heute und morgen ein Engel.

Engel leuchten die Stille aus.
Sie schenken dem Wanderer leichte Wege.
Tragen Kostbarkeiten.
Säumen dem Gefährdeten den Weg.
Sie bergen den Träumer mit sanfter Hand
und leuchten dem Müden ein heiteres Dach.

Für Wegsucher:

Denn ich glaube, dass ein guter Engel Gottes ihn geleitet und alles zum Besten
lenkt, was ihm begegnet, sodass er in Freuden wieder heimkehren wird. (Tobit 5,29)

Die Schnecke

Die Schnecke
trägt alles bei sich,
gleitet über Hindernisse,
sucht lichtes Grün,
streckt ihre Fühler aus,
hat einen weiten Horizont,
kennt keine Wegweiser,
bleibt bei sich,
duldet Umwege,
hat alle Zeit der Welt
und kommt an.

Es gibt Tiere
des Himmels, der Erde und unter der Erde,
die Grenzen schneller überwinden,
Höhen und Tiefen bezwingen und
dem Menschen gewachsen sind.

Die Schnecke kümmert das nicht.

Das Schneckenhaus gleicht dem Labyrinth,
dem träumerischen Suchweg der Gelassenen,
dem heiteren »Minitop« des Entschleunigten.

Für Geschwindigkeitsfans:
Ihr sollt wissen, meine lieben Brüder: Ein jeder Mensch sei schnell zum Hören,
langsam zum Reden, langsam zum Zorn. (Jakobus 1,19)

Was ist ein Wunder?

Was ist ein Wunder?
Eine Mutter sagt mir: Schauen Sie sie sich doch an, drei Monate. Gesund, und wie sie lacht und wir uns mögen. Wie alles so gut geht.
Was ist ein Wunder?
Ein Mann, Jahrgang 28, am Kriegsende noch beim Volkssturm, Elternhaus zerbombt. Mutter tot. Vater in Gefangenschaft. Mit 17 schon mit dem Leben am Ende. Dass dann noch was kam, nach dem Krieg, dass da noch was Gutes kam! Dass aus mir jungem Gauner, der die Zonen passierte wie der Wind die Grenzen, der manchen Mist gebaut hat und noch mehr, dass aus mir ein Mensch wird, mit – mit Enkeln!
Was ist ein Wunder?
Im Dezember hitzefrei, sagen die Kindergottesdienstkinder. Oder wenn Käpt'n Blaubart mal keine Geschichte mehr einfällt. Oder wenn meine Oma erklären kann, was Abseits im Fußball ist.
Was ist ein Wunder?
Staunen. Kopfschütteln. Vor Freude weinen. Sich nach dem verflixten siebten Ehejahr immer noch lieben, oder gar noch mehr.
Irgendwie spüren wir alle: Wenn wir »Wunder« sagen, dann haben wir die Finger selbst nicht im Spiel. Das kommt von außen, das ist überraschend. Eher so etwas wie Geschenk und Gabe, wie hitzefrei im Dezember und Leben nach dem Tod.
Albert Schweitzer hat das »Staunen« so übersetzt: Ehrfurcht vor dem Leben, sagt er. Und Leben? Leben ist nicht nur meines! Ich sammle kleine und große Ammoniten. Als diese Tiere in ihren meerestauglichen Riesenschneckenhäusern lebten, gab es noch keine Menschen. Erst seit einer Sekunde auf einer »Weltzeituhr« gibt es Menschen.

Angesichts dessen, was wir anrichten, und angesichts dessen, was wir Gutes tun könnten, frage ich mich: Was eigentlich ist der schnelllebige Mensch? Der in einer Sekunde zerstört, was ein anderer in 24 Stunden aufgebaut hat.

Was als erste Lektion bleibt, ist das Staunen über eine Ähre, einen Ammoniten, ein Kind, die Milchstraße und die Liebe unter den Menschen.

Für Menschen, die sich noch wundern:

Er tut große Dinge, die nicht zu erforschen, und Wunder, die nicht zu zählen sind.

(Hiob 9,10)

Unterwegsmenschen

Nächtelang unterwegs.
In fließenden Gewässern
sind meine Zehen auf Kieseln zu Hause.
Haben meine unsicheren Füße endlich einen Stand.

Wir kennen uns.
Mitten im Fluss spricht er mich an:
Ausgeträumt?
Fragt er.
Geht noch!
Sage ich.

Oben oder unten,
Gehen oder Bleiben,
Zögern oder Hasten.

Erinnerungen sind Fragmente.
Ich erinnere mich an eine junge Frau
auf der gegenüberliegenden Straßenseite in Eberbach.
Ein frohes Lachen auf ihrem Gesicht. Sie ging allein.
Und lachte fröhlich.

Begegnungen auf Zebrastreifen oder Bahnhöfen – Fragmente.
Halte sie ins Licht.
Fragmente im Licht leben im Widerspruch.
Lichter und Schatten, Kommen und Gehen.
Wird alles gebrochen.
Ohne Brechen kein Leuchten.

Alles stimmt und nichts bleibt.
Nichts geht, alles bleibt.

Nichts stimmt und alles geht.
Wie soll einer wissen?
Was für eine Hybris, wollte einer urteilen.

Einer, der sieht, bleibt stehen.
Bis das Sehen vorbei ist.
Es bleibt.
Es leuchtet dir schwächer.
Morgen noch.
Solang du stehen bleibst.
Bei abnehmendem Wunder bleibt ein Schein.

Morgen ist heute nur gestern.
Und gestern war heute nur morgen.
Und »jetzt« ist danach nur vorbei.
Mit Zeit gehen wir rücksichtslos um.

Am Horizont sehen wir nur Grenzen.
Wenn du – unterwegs – zurückschaust,
ist die Grenze immer ein Neubeginn.
Doch die Alten haben es schon verstanden: Alles fließt.

Deshalb: Zum fließenden Wasser gehen.
Dunkles vergessen.
Die Nacht vertagen.

Und dann: Die Füße in den Fluss halten.
Stromabwärts.
Nicht gleich wieder in die Stiefel.

Du brauchst Geduld für ein Zeichen.
Du brauchst Zeit für eine Offenbarung.
Für ein Wunder brauchst du ein Leben.
Und offene Hände.
Klare Augen.

Weite Arme.
Und ein geweitetes Herz.

Für Menschen an Flüssen:
Du gibst meiner Seele große Kraft. (Psalm 138,3)

Schutzengel

Bei Karl Rahner las ich: »Am ersten Septembersonntag feiert das katholische Volk den Schutzengelsonntag und weiht den Monat im September der besonderen Verehrung jener seligen Geister, die Gott uns zur Seite gestellt hat, damit sie uns dorthin geleiten, wo sie sind ... Wenn der Mensch so seinen Weg durchs Leben zieht, dann gehen immer zwei dieselbe Straße: der Schutzengel und der Mensch, und beide schauen unverwandt aus nach Gott.«[1]

Sofort stellten sich Erfahrungen und Fragen ein.
Erfahrung: Gebe ich Taufeltern 100 Bibeltexte zur Auswahl für meinen Taufspruch ihres Kindes, dann wählen ca. 60 Prozent den »Schutzengeltext« aus Psalm 91,11: »Er hat seinen Engeln befohlen, dass sie dich behüten auf allen deinen Wegen.«
Fragen: Ist unsere durch und durch organisierte, digitalisierte, transparente und vernetzte Welt offen geworden für Wunder? Müssen wir nach 200 Jahren Aufklärung vielleicht wieder klein beginnen, wir Kinder des Universums?

Ich gehe über unseren großen Friedhof. Meist sind auf den Friedhöfen Kindergräber an einem besonderen Ort versammelt. Dort allerdings finden sich auf den Gräbern auch viele kleine, meist putzige, gelegentlich wohlgenährte, in der Regel beflügelte Engel.
Haben die »Schutzengel« an diesen familiären Trauerorten besonders versagt?
Oder brauchen die jungen Eltern eine Hilfe, die wir mit unserer Wortlastigkeit nicht zu geben vermögen?

Warum bin ich so kritisch bei dem Engelboom auf Kindergräbern?

Weil meine Worte hilfloser sind als der Gipsengel?
Weil ich »gut reden« habe?

Für Menschen, die Geleitschutz brauchen:
Er hat seinen Engeln befohlen, dass sie dich behüten auf allen deinen Wegen.
(Psalm 91,11)

Rechtslastig

Man erkennt ihn am Schritt, weil er etwas rechtslastig hinkt.
Das wird so mit den Jahren, sagt er fröhlich auf der Bank am
Rhein, auf der er neben mir zum Sitzen kommt. Tragetasche,
Mantel auf, Märzsonne ins Gesicht.

»Schau dir den Kahn an«, sagt er, »kommt alle vierzehn Tage.
Amsterdam und retour«, sagt er. »Kohle.« – »Und dann leer
wieder runter in einem Affenzahn.«
Und tatsächlich. Er winkt dem Mann auf der Brücke. Der
winkt zurück. Und schickt noch ein kurzes Signalhorn zu uns.
»Fast war ich zu spät«, sagt er. »Wir kennen uns. Alter Kumpel
von mir. Sechs Tage rauf, drei Tage runter. Und dann geht's
wieder neu los. Immer unterwegs.«
Wie er heißt, frage ich vorsichtig.
»Wie er heißt, weiß ich nicht. Sein Kahn ist die ›Aaltje‹.«
»Die Alte«, sage ich, »das ist aber ein komischer Name.«
»Nee«, sagt er, »›Aaltje‹. Das heißt so viel wie Edle. Sie können
auch Adelheid sagen. Ist eh nicht mehr so, wie es war.«
»Ist eh nicht mehr so, wie es war?«
»Ja, was soll man sagen. Ist eine Nelina dazwischengekommen.
In Dortmund oder was früher. Und dass Sie nicht mehr fragen
müssen: Nelina ist auch aus Holland und heißt ›die Strahlende‹.
Und so ist der Kerl mit der Nelina auf der ›Aaltje‹ Rhein rauf
und Rhein runter getuckert. Kein Spaß. War echt so.«

Pause.

»Jetzt kocht die edle Adelheid bei Robin auf der Laura. Haste
nicht gedacht! Hat nach Belgien geheiratet. Ist jetzt auf der
Maas am Putzen.«
»Und woher wissen Sie das alles?«

»Was für eine Frage. Ich bin doch jeden Tag hier. Oben am Kiosk kennen die alle, die kommen und gehen.«

Dann zieht er aus seiner rechten Manteltasche (rechtslastiges Hinken) eine Flasche Barnetti Rosso.
»Zweifünfzig oben am Kiosk«, sagt er.
»Billig, aber gut. Nimm 'nen Schluck. Schadet nichts. Und ist vom Pfarrer.«
»Vom Pfarrer?«
»Also – wenn du einen Tipp brauchst unter Freunden: Über die Brücke, bei den Katholiken kriegst du nichts, in Christus erst recht nicht, Trinitatis ist tote Hose, bleib in der Nähe vom Bahnhof. Traitteurstraße, Friedenskirche. Nicht jammern. Eher einen auf Kumpel machen, dann gibt der dir auch mal Geld. Sonst nur Essensgutscheine. Kann man auch tauschen, aber bestenfalls eins zu zwei. Nun trink schon.«

»Ich muss jetzt«, sage ich.
»Dann lass dich nicht aufhalten«, sagt er.
»Man sieht sich«, sage ich.
»Sagst du«, sagt er.

Für Menschen mit Gespür:
Tragt keinen Geldbeutel bei euch, keine Tasche und keine Schuhe, und grüßt niemanden unterwegs. (Lukas 10,4)

Inselgedanken

Jeder Mensch braucht geschützte Orte
mitten im alltäglichen Geben und Nehmen,
Kommen und Gehen.
Jeder Mensch braucht Inseln im Alltag.

Wo ist deine Zuflucht?
Wo ist der Ort,
an dem du die Augen schließen,
die Hände in den Schoß legen
und deine Gedanken gehen lassen kannst
ohne Angst?

Es ist ein Geschenk,
wenn Menschen Orte finden,
an die sie sich zurückziehen können,
umfriedete Räume, Refugien,
die je eigene Insel,
Zuflucht für Körper und Seele.

Für Belastete:
Nähme ich Flügel der Morgenröte und bliebe am äußersten Meer, so würde auch
dort deine Hand mich führen und deine Rechte mich halten. (Psalm 139,9.10)

Und sie standen auf
und stießen ihn zur Stadt hinaus
und führten ihn an den Abhang des Berges,
auf dem ihre Stadt gebaut war,
um ihn hinabzustürzen.
Aber er ging mitten
durch sie hinweg.

Lukas 4,29.30

Und er verließ Nazareth,
kam und wohnte in Kapernaum,
das am See liegt
im Gebiet von Sebulon und Naftali.

Matthäus 4,13

abschüssig

Jeder hat eine Heimat. Auch er hatte eine. Zumindest am Anfang.
Wer Vater und Mutter hat, hat auch eine Heimat.

Nazareth. Ein kleines, verträumtes Dorf im galiläischen Mittelgebirge. 400 Meter über dem Meeresspiegel. Wasser aus einem Brunnen. Von Hügeln aus geht der Blick hinunter in die Ebene, die zum Meer führt und zum Jordan. Wenige hundert Einwohner. Olivenhaine, etwas Wein, Zypressen – fast wie im Urlaub. Nach Osten, zum See hin, ziemlich abschüssig.

Jeder hat eine Heimat.
Bei ihm ist es eigenartig. Sein Dorf stünde in keinem Atlas, gäbe es nicht ihn. Und doch will ihn keiner, damals nicht – und heute ... ein Schmelztiegel des jüdisch-arabischen Konfliktes. Eigentlich ein rein muslimisches Dorf.
Jeder hat eine Heimat.
Doch wie er hatten Millionen damals und haben Hunderttausende heute keinen Platz, wo sie in Ruhe zu Abend essen, ein Gebet sprechen und ihre Kinder in den Schlaf singen können.
Juden sagen, seine Eltern hätten auf der Flucht vor römischen Steuereintreibern Nazareth verlassen. Lukas schreibt, seine Nachbarn hätten ihn wegen einer gotteslästerlichen Predigt totschlagen wollen. Was ist Wahrheit? Ob er noch im Mutterleib oder nach knapp drei Jahrzehnten die Heimat verlor – eines ist sicher: Gewollt haben sie ihn alle nicht.
Es gab nur einen Weg: Heraus aus dieser Sackgasse, die den Propheten im eigenen Dorf nicht erträgt.

Der Mann aus Nazareth, das Kind aus Bethlehem ... wo immer wir ansetzen und sagen: »Das ist Jesus« – wir begegnen Vertreibung, Macht, Flucht und Heimatlosigkeit. Wir begegnen einer verängstigten Mutter, Nachbarn, die Steine werfen, und Leuten, die in der Regel einen Tick schneller sind.

Jeder hat eine Heimat.

Heimat hat nicht Ewigkeitswert. Heimat ist, so schwer es fällt: »Heute hier, morgen dort.« Heimat ist dort, wo Gott gerade nach mir sucht.

Und so verließ er N., seine Heimat. Er ging weg – mitten durch sie hindurch. Von Engeln behütet, von Flüchen begleitet, von Kranken erbeten.

Für Menschen, die fliehen:

Wie ein Vogel, der aus seinem Nest flüchtet, so ist ein Mann, der aus seiner Heimat flieht. (Sprüche 27,8)

Träfe ich einen (für Lukas)

träfe ich einen
der nicht nur die weiten Wege,
auch die nahen
gegangen ist

begegnete ich einem,
der vertraute und unbekannte Lieder kennt,
und sie auch noch einladend sänge

wüsste ich von einem am Weg,
dem sich die Freude ins Gesicht furcht
und dem die Neugier aus den Augen
träufelt

vielleicht, dass ich dann
den eingeschlagenen Weg verließe

träfe ich so einen,
vielleicht, dass ich dann
mich vergäße
und mich
im Spiel mit dem Enkel
verlöre

Mich wundert,
dass der Ewige
den Konjunktiv
nicht verboten hat.

Für Menschen mit Selbstzweifeln:
Dann läge ich da und wäre still, dann schliefe ich und hätte Ruhe. (Hiob 3,13)

Kraut oder Unkraut

An den Wegrändern finden sich Wegwarte, Kornblume, Distel, Löwenzahn und viele Blumen und Kräuter mehr. Gelegentlich auch dornenreiche Wildrosen oder Hagebutten oder Brombeeren. Zusammen mit den Bäumen alles in allem sind die Wegränder eigene, schützenswerte und botanisch interessante Lebensbereiche. Das erinnert mich an eine biblische Fabel.

Was den Menschen recht ist und den Tieren billig, das lassen sich auch die Bäume nicht nehmen. Sie wollen einen König, einen, der über sie herrscht.
Und so gehen sie hin und wählen den stattlichen und beliebten Olivenbaum: Sei du unser König! Aber der Olivenbaum schüttelt den Kopf und sagt: Freunde, soll ich denn mein herrliches Öl aufgeben, das gleichermaßen die Götter und die Menschen erfreut, nur um als König über den anderen zu schweben?
Die Bäume gehen weiter. Zum Feigenbaum. Um ihm die Königskrone anzutragen. Aber der spricht: Soll ich meine Süßigkeit aufgeben und meine herrliche Frucht lassen, nur um über den Bäumen zu schweben?
Da machen sich die Bäume auf zum Weinstock. Aber auch der winkt ab und will seinen Wein und die Freude, die er den Göttern und Menschen macht, nicht aufgeben. Nein danke.
Nach drei deutlichen Abfuhren wenden sich die Bäume an den Dornbusch: Sei du unser König. Und der Dornbusch, durchaus nicht überrascht, eher hatte er sich bislang verkannt gefühlt, der Dornbusch nimmt nach kurzer Prüfung das Angebot an und wird zum König gesalbt.

Diese Geschichte steht in der Bibel. Im Buch der Richter. Jotam hat sie erzählt. Er musste sich übrigens danach sehr schnell aus dem Staub machen. Denn solche Worte über die Regierenden waren auch damals nicht gern gehört.

Doch zurück zum Dornbusch. Ein ziemlich unerfreuliches Gewächs. Die Bibel nennt allein zwanzig verschiedene stachlige und dornige Sträucher. Er ist in der Bibel Sinnbild für Unkraut schlechthin:

Als der Schöpfer Adam und Eva vor die Tür des Paradieses setzt, verflucht er den Acker, der eigentlich ja gar nichts dafür kann, und sagt: Dornen und Disteln soll er dir tragen. Als Jesaja seinem Volk die Verschleppung ins Exil als Strafe Gottes prophezeit, sagt er über die zurückgelassene Heimat: Mit Pfeil und Bogen geht man dahin. Die Berge und das Land wird man nicht mehr betreten, aus Furcht vor Dornen und Disteln.

Wertlos, Unkraut, ein Ärgernis – der Dornbusch. Und doch: Gott wählt ihn als Stätte, von der aus er zu Mose spricht. Und – die einzige Krone, die Jesus je trug, war eine Dornenkrone. Dornbusch, Unkraut, wertlos. Vom Knecht Gottes heißt es auch: Er war der Allerverachtetste und Unwerteste. Er war so verachtet, dass man das Angesicht vor ihm versteckte.

Gott sei Dank ist das letzte Wort darüber, ob etwas Kraut oder Unkraut ist, bei Pflanzen und bei Menschen, noch lange nicht gesprochen.

Für Pflanzenfreunde:

Und Gott sprach: Es lasse die Erde aufgehen Gras und Kraut, das Samen bringe, und fruchtbare Bäume auf Erden, die ein jeder nach seiner Art Früchte tragen, in denen ihr Same ist. Und es geschah so. (1. Mose 1,11)

geh

geh
Abraham
geh

Alter ist kein Argument
das Land lädt ein
Gott selbst gibt dir Geleit

geh
Abraham
geh

zähle die Sterne
übe die Liebe
staune ein Ziel

geh
Abraham
geh

Für Menschen mit Entdeckerlust:
Geh aus deinem Vaterland und von deiner Verwandtschaft und aus deines Vaters
Hause in ein Land, das ich dir zeigen werde. (1. Mose 12,1)

Keine Fragen mehr

Wir leben nur, wenn wir fragen. Heranwachsen und Erwachsenwerden ist Einüben in das Fragenstellen. Die Weisheit des Alters zeigt sich darin, dass sie mit den vielen offenen Fragen leben kann. Wer seine Fragen nicht stellt, geht am Leben vorbei. Macht sich nicht auf den Weg. Bleibt im Dunkeln, hinter dem Zaun, in Sicherheit.

Wer fragt, setzt sich allerdings auch Gefahren aus. Er kann mit seiner Frage an den Falschen geraten. Auch der Inhalt der Antwort birgt ein Risiko. Die Menschen, denen Jesus begegnet, stellen Fragen. Sie äußern sich, trauen ihm eine Antwort zu. Sie stellen keine belanglosen Fragen. Sie stellen Fragen, die sie »unbedingt angehen« (Paul Tillich). Sie fragen nicht oberflächlich, sondern echt. Jesus begegnet ihnen. Er sucht nach der Not, die hinter der Frage steht. Seine Antwort kann erlösend und befreiend sein, kann erschrecken und traurig machen, treibt jedenfalls den Fragenden in die Entscheidung, manchmal in die Krise. Und doch, er erhält eine Antwort, er hört eine Stimme, er erlebt eine Begegnung, ein »Wunder«. Ich meine, Jesus sei der, der sich am meisten gewundert hat. Das ist wohl eines der hervorragenden Kennzeichen der sogenannten »Religionsstifter«.

Aber wie ist es, wenn Gott schweigt? Wenn der Mann aus Nazareth die Antwort verweigert? Ist das nicht die tiefe Krise unserer Zeit, dass wir Fragen stellen und ohne Antwort bleiben? Dass der Mensch allein bleibt mit seiner Frage. Wer gibt uns die Gewähr dafür, dass die wenigen Antworten, die wir schwach vernehmen, nicht tatsächlich nur der Widerhall unserer eigenen Frage und Rufe sind?

Wer Fragen stellt, riskiert, ohne Antwort zu bleiben. Leben ist ein Wagnis, wenn es den Namen Leben verdienen soll. Jesus antwortet meist kurz und bündig. Er hält kurz an, tut Wesentliches, und geht weiter. Er heilt en passant. Er nimmt jedem Wunder den Zauber. Da ist nichts Geheimnisvolles. Da sind zwei: er und der andere. Zwei, die sich begegnen. Und wenn sie sich echt begegnen, passiert es. Was auch bedeuten kann: Das Leben kann ungeöffnet vorübergehen. Dann erzählt keiner die Story, niemand erinnert sich. Alles bleibt.

Angesichts des Schweigens um mich bleibt mir die Hoffnung: Mein Leben ist eine Frage, die Gott gestellt hat. In all dem Schweigen soll mir das genügen, dass ich »eines ganz Anderen« Frage bin, und nicht meine eigene. In diesem Urvertrauen stelle ich meine Fragen und lebe, mehr oder weniger gewagt. Offen, verwundbar, begrenzt, manchmal elend, wende ich mich mit meiner Blöße, mit den offenen Stellen an Gott. Wenn ich mit meinem Latein ganz am Ende bin, kann ich es erfahren: Jesus macht meine Frage zu der seinen. Er geht nicht wortlos vorüber.

In der Mitte der Nacht von Bethlehem, sagen die einen – in der Mitte der Nacht von Golgatha, sagen die anderen –, übernimmt Jesus Christus meine Frage und macht sie zu der seinen, setzt sich selbst dem Schweigen aus, der Gottesferne und dem Tod – zur Verherrlichung Gottes: Dein Wille geschehe ...

Ein Schüler Rabbi Baruchs hatte, ohne seinem Lehrer davon zu sagen, der Wesenheit Gottes nachgeforscht und war in Gedanken immer weiter vorgedrungen, bis er in ein Wirrsal von

Zweifeln geriet und das bisher Gewisseste ihm unsicher wurde. Als Rabbi Baruch merkte, dass der Jüngling nicht mehr wie gewohnt zu ihm kam, fuhr er nach dessen Stadt, trat unversehens in seine Stube und sprach ihn an:

»Ich weiß, was in deinem Herzen verborgen ist. Du bist durch die fünfzig Pforten der Vernunft gegangen. Man beginnt mit einer Frage, man grübelt, ergrübelt ihr die Antwort, die erste Pforte öffnet sich: in eine neue Frage. Und wieder ergründest du sie, findest ihre Lösung, stößest die zweite Pforte auf – und schaust in eine neue Frage. So fort und fort, so tiefer und tiefer hinein. Bis du die fünfzigste Pforte aufgesprengt hast. Da starrst du die Frage an, die kein Mensch erreicht; denn kennt sie einer, dann gäbe es nicht mehr die Wahl. Vermissest du dich aber, weiter vorzudringen, stürzest du in den Abgrund.« – »So müsste ich also den Weg zurück an den Anfang?«, rief der Schüler. »Nicht zurück kehrst du«, sprach Rabbi Baruch, »wenn du umkehrst; jenseits der letzten Pforte stehst du dann, und stehst im Glauben.«[2]

Für Menschen mit vielen Fragen:
Die Elenden sollen essen, dass sie satt werden; und die nach dem Herrn fragen, werden ihn preisen; euer Herz soll ewiglich leben. (Psalm 22,27)

Ein Teil des Wunders

Ich möchte schweigen beim Anblick des Sternenhimmels
in klaren Sommernächten.

Möchte verweilen in den Rissen, Ablagerungen, Spalten –
in der Wucht eines Berges.

Wunder,
die unendliche Stetigkeit eines Rinnsals,
das vielleicht alle zehn Stunden
einen kleinen Tropfen abgibt an den Stein.
Das Licht eines Sternes, der mir jetzt leuchtet,
und vielleicht längst verglüht ist.
Die bizarre Gestalt eines Felsens,
geboren aus dem Zusammenstoß von Kontinenten,
Kind gewesen zu Zeiten,
als bei uns noch Vulkane Feuer spien,
erwachsen geworden in Wind, Regen und Eis.

Mich plagt nicht die eigene Kleinheit.
Mich erschlägt schier die Größe, die Vielfalt, der Geist,
dieser lange Atem Gottes.
Tausend Jahre sind vor dir wie der Tag,
der gestern vergangen ist.
Ein Sekundenbruchteil des Lichts,
ein Tropfen auf den Stein,
ein Steinchen im Gebirge.
Und ich darf Zeuge sein.
Mehr: Ich bin ein Teil des Wunders.

Für Menschen, die staunen:
Was ist der Mensch, dass du seiner gedenkst, und des Menschen Kind, dass du dich
seiner annimmst? (Psalm 8,5)

Geh mit den Enkeln spielen, Noah (für Jona)

schenke der Taube
drei fette Körner
Noah

halte den Ölzweig in Ehren
öffne die Luke
tritt ins Freie

am Rand des Regenbogens
träume
im Violett
suche dein Glück
oder im Rot
darfst du lachen

du kannst dich herauslehnen
du hast Zeit

geh mit den Enkeln spielen
pflanze Wein
und danke Gott

Für Großmütter und Großväter:

Und Gott gebe, dass ihr eure Kinder und eure Kindeskinder seht bis ins dritte und vierte Glied; und eure Nachkommen seien gesegnet vom Gott Israels, der in Ewigkeit herrscht und regiert! (Tobit 14,15)

ohne Absicht

Geh ein paar Schritte
absichtslos
im Garten.

Alle Gärten erinnern an den Traum vom Paradies,
fruchtbarer, umfriedeter Lebensraum.

Rieche am Lavendel,
streichle über die rauen Salbeiblätter,
lass den Tannenzweig durch die Hand gleiten,
begrüße die Rosenblüte.

Verweile bei den Astern,
lerne Geduld.

Und suche die Stelle auf,
an der nach dem Winter
Schneeglöckchen, Narzissen und Osterglocken
blühen werden.
Tief unter der Erde warten sie,
bis ihre Zeit gekommen ist.

Für Absichtslose:
Solange die Erde steht, soll nicht aufhören Saat und Ernte, Frost und Hitze, Sommer
und Winter, Tag und Nacht. (1. Mose 8,22)

Kreuzwege

Sie haben sich abgeschrieben an ihm.
Haben die Geburt festgelegt, irgendwann 1812;
den Tod auch: 17. Dezember 1833.
Das gilt eher als sicher.
Von Birgit Gottschalk über Ludwig Feuerbach bis Peter Handke und Wikipedia hat keiner eine Ahnung. War er der vertauschte Erbprinz von Baden oder Objekt einer Täuschungs- und Enttäuschungskomödie?
Kaspar Hauser.
Reinhard Mey hat ein Lied über ihn gesungen.
Andere schrieben Dramen.
Sprachloses, verwirrtes, handwerklich begabtes Findelkind.

Ein unbeschriebenes Blatt.
Man hat sich sattgeredet, wundgestritten, warmgeschrieben.
Bei »ZDF History« wiederholen sie regelmäßig den Film.

Ich kann es nicht klären.
Schloss Beuggen, wo sein Pferdchen unter den herrschaftlichen Gemäuern gefunden worden sein soll, wird von der badischen Landeskirche verkauft. Zu teuer. Und am Rheinknie zu weit abgelegen.

Kaspar Hauser hat zu den Privilegierten gezählt.
Besser: zu den privilegierten Verlorenen.
Sechzehn soll er gewesen sein, als man ihn damals aufgelesen hat.

Etwa das Alter oder knapp unter dem Alter, das man einem anderen »Verlorenen« zuschreibt. Aus eigenem Antrieb ist er weggegangen. Aus eigenem Übermut hat er sich verloren.

Es gibt keinen überzeugenden Film bei »ZDF History«. Und auch die Schweine, deren Fressen er am Ende aß, um nicht zu verhungern, sind Guido Knopps Team nicht mehr zugänglich.

Nicht einmal der Vater, der ihn auf seinem langen, peinigenden Rückweg mit offenen Armen empfangen hat. Der Bruder nicht, der – neidisch oder nicht – das Wunder nicht wahrhaben wollte. »Dieser Kerl, der alles hingeschmissen hat und plötzlich – aus dem Nichts – wieder auftaucht. Für mich zählt der nicht.«

Kaspar Hauser und der verlorene Sohn – beide konnten am Ende bei all dem Kreuzen und Queren keine Himmelsrichtung finden. Es sei denn eine, auf die man mit dem Vogel zeigte.

Die einen kamen kurz von der Front noch einmal auf Urlaub und eine letzte Umarmung zurück. »Nimm das noch mit. Steck die Stulle noch ein. Wer weiß, was wird.«
Die anderen kamen lange danach, abgemagert, mit Magenschmerzen und suchend, immer auf der Suche. Nie sicher. Zurück. Wohnten bei Frauen, die sicher waren, mit ihnen verheiratet zu sein. Mit Kindern, von denen man sagte, sie seien ihre. Fanden nie ihren Platz. Fanden nie ihren Frieden. »Wer bin ich eigentlich?«

Andere kamen gar nicht mehr.
Blieben.
Vermisst.
Kaspar.

Für Menschen, die sich verloren wähnen:
Der Menschensohn ist gekommen, zu suchen und selig zu machen, was verloren ist. (Lukas 19,10)

Kein leeres Blatt

Ein leeres Blatt,
nicht mehr als das Datum am Beginn eines Briefes,
der erste Schrei eines eben geborenen Kindes
oder die ersten Takte einer Ouvertüre,
eine offene Tür, ein unbekannter Weg, ein neuer Tag.
Alles ist offen,
wird in den kommenden Stunden gefüllt werden
mit Sehnsucht und Lärm,
mit Geschäftigkeit und Irrtümern,
mit Geschwätz und Lügen,
Ausreden und Fehl-Blenden,
mit Liebe und Enttäuschung,
mit Hoffnung und Zweifel.
Geh. Werde. Sei.

Wer je in Ehrfurcht ein leeres Blatt betrachtet,
vielleicht mit dem Handrücken fast zärtlich
über das unschuldige Weiß gestrichen
und in sich ein Prickeln und Sehnen,
eine Spannung gespürt hat,
wird verstehen: Hier beginnt etwas Neues.

An jedem guten Morgen leuchtet etwas auf
von der Unschuld des siebten Schöpfungstages:
... als ob ich doch von vorne beginnen könnte,
trotz aller Festlegungen, Dunkelheiten und Wunden.

Gott, lass aufgehen Sonne, Tag, Wege und Türen.
Mit allen Geschöpfen will ich dich preisen und leben.

Für Bescheidene:
Die Elenden sehen es und freuen sich, und die Gott suchen, denen wird das Herz
aufleben. (Psalm 69,33)

... dachte ich (für Paul)

als ich klein war
dachte ich
die Eltern machen es schon

als ich jung war
dachte ich
das schaffe ich selbst

als ich zwanzig war
dachte ich
mir kann keiner was

als ich älter wurde
dachte ich
das wird schon

als ich vierzig wurde
dachte ich
noch viele Möglichkeiten

auf der Höhe der Zeit
dachte ich
es geht nicht ohne mich

ein Jahr im Ruhestand
dachte ich
ich hab's doch gesagt

heute
denke ich
meine Enkel machen das schon

Für Übelgelaunte:
Der Herr behüte dich vor allem Übel, er behüte deine Seele. (Psalm 121,7)

Platte mit 78 Umdrehungen

Ich besaß als Kind eine Schallplatte mit 78 Umdrehungen.
Ich nahm sie sogar noch mit ins Studentenwohnheim.
Sie ist bei einem Umzug zerbrochen.

Ich erinnere mich noch an die Stimmen:
»Heinrich, der Wagen bricht.«
»Nein, Herr, der Wagen nicht,
es ist ein Band von meinem Herzen,
das da lag in großen Schmerzen,
als Ihr in dem Brunnen saßt,
als Ihr ein Frosch wart.«

Ach, was war die sonore Stimme des Heinrich so tröstlich.
Mit seinen wenigen Sätzen baute er auf, was andernorts zerbrach. Vielleicht habe ich damals gelernt, dass Stimmen Zer-
brochenes wieder heilen können, wenn sie echt, ehrlich und
zugewandt sind.

Ich spielte beim Abschlussfest unseres Kindergartens den
Frosch. Die Prinzessin, eine wunderschöne, dunkelhaarige,
sechsjährige Schönheit blieb scheu. Nach etwa 60 Jahren bei
einem Klassentreffen unterhielten wir uns zum ersten Mal
darüber. Sie erinnerte sich genauso gut wie ich. Ihr war das
damals peinlich, vor so vielen Leuten. Vielleicht war auch ich
ein Grund für ihre Peinlichkeit.
Aber Doris war wohl – nach Auffassung unserer Kindergar-
tenschwestern – die hübscheste.
Ich war damals noch nicht so alt wie heute, war grün gekleidet, stieg aus einem Brunnen und war mit Froschohren aus-
gestattet. Sie endlich warf goldene Kugeln, war ganz in Weiß
gekleidet. Langes schwarzes Haar.

Doch das Wunder geschah nicht.

Sie blieb katholisch, ging zur Erstkommunion und wurde Bürokauffrau.

Ich blieb evangelisch, ging zur Konfirmation und wurde evangelischer Pfarrer.

So trennen sich Wege, ohne dass sie überhaupt begonnen haben. Immer wieder ist mir das aufgefallen. Es gibt nicht den »Heilweg auf Kassen-Schein«. Es gibt nicht den »Wunderweg auf Abruf«.

Nach dem missratenen Wunder – ich meine, sie habe damals ob der grässlichen Vorstellung geweint und mich nicht in die Arme nehmen wollen – blieb ich also ein Frosch. Da konnten Tante Erna und Tante Hedwig manipulieren, wie sie wollten. Der Frosch blieb ein Frosch.

Was damals in den frühen 1950er-Jahren als Langspielplatte in unserem Radio lief und später bei einem Umzug zerbrach, ist mir dennoch haften geblieben.

Vom Biologen lerne ich, der Frosch verkörpere die Transformation, da er sein Leben als Kaulquappe beginnt und erst nach längerer Zeit und entsprechender Entwicklung seine endgültige Gestalt erlangt.

Esoterisch Veranlagte fragen sich: Welche Schönheit liegt in mir verborgen?

Vom Psychologen lerne ich: der Frosch sei Symbol der Fruchtbarkeit und der Erotik. Darüber hinaus könne er in Träumen auch einen Aspekt des Charakters darstellen, der verändert werden soll.

Auf der spirituellen Ebene steht der Frosch für Verwandlung. Dazu passt wohl, dass ich im Sternzeichen der Zwillinge geboren bin.

Theologisch ist der Frosch weniger gut angesehen: Er wird den Ägyptern zur zweiten Plage.

Ökologisch allerdings spannen Naturschützer Netze über Fahrstraßen. Andere freuen sich über Frösche in ihren neu angelegten Teichen. Deren Nachbarn klagen gegen das Quaken, das ihnen den Schlaf raube.

Ich als Zwillingsfrosch halte mich nicht für eine Plage. Aber ich spüre bei all den angedeuteten Geschichten eine gewisse Unsicherheit, eine Tendenz zur Verwandlung. Meine hübsche Kinder-Partnerin war darüber verstört. Andere auch.

Vielleicht ist es doch ein Wunder, wenn ein Weibchen bei einem Froschmännchen bleibt?
Für mich ist es jedenfalls ein Wunder, dass auf meinem Weg, den einige hübsche Prinzessinnen gekreuzt haben, eine ausgehalten und die Verwandlungen durchgestanden hat und bei mir geblieben ist.

Für »schnelldrehende« Unsichere:
Gott ist die Liebe; und wer in der Liebe bleibt, der bleibt in Gott und Gott in ihm.
(1. Johannes 4,16)

Es war einmal

In alten Zeiten, als das Wünschen noch geholfen hat und Riesen im Wald hinter unserem Dorf hausten, da lebte im Schloss am Kunigundensee eine Prinzessin mit ihrem Vater, dem König. Nachts schlief sie in ihrem goldenen Bettchen, tagsüber aß sie mit ihrem goldenen Löffelchen von ihrem goldenen Tellerchen, und nach dem Essen spielte sie im Schlossgarten mit einem goldenen Butterkeks. Kam ein Frosch und wollte an dem goldenen Butterkeks knabbern, dann schnappte sie ihn, steckte ihn in ihre seidene Tasche und lief zum Schloss. Dort warf sie ihn an die Wand, weil sie irgendwo gehört hatte, dass ein Frosch, wenn er von einer Prinzessin an die Wand geworfen wird, sich im Nu in einen schönen Prinzen verwandelt.

Aber irgendetwas ging immer schief. Denn sooft sie einen Frosch an die Wand warf, verwandelte sich dieser in ein goldenes Tellerchen, und der König war schon ganz verzweifelt, weil bald alle Zimmer im Schloss vollgestopft waren mit goldenen Tellerchen und er keine goldenen Tellerchen mehr sehen konnte – und goldene Löffelchen auch nicht.

»Wann hörst du endlich damit auf, unschuldige Frösche an die Wand zu werfen? Du stürzt uns alle noch ins Unglück! Kannst du denn nicht wie andere Mädchen in deinem Alter im Garten Seil hüpfen, mit Puppen spielen oder mit einem Ball?«, jammerte er jeden Mittag, wenn sie wieder bei Tisch saßen und mit ihren goldenen Löffelchen von ihren goldenen Tellerchen aßen. Mittlerweile war es im Esszimmer schon zu eng geworden, und sie fanden vor lauter goldenen Tellerchen kaum noch Platz zum Essen. Denn am Vormittag war die Prinzessin schon wieder mit sechs Fröschen ins Schloss gekommen.

»Es muss etwas geschehen«, sagte Heinrich, der treue Schlossdiener. »Wir sperren den Schlossgarten für Frösche!«

Gesagt, getan. Heinrich stellte überall Warnschilder auf, und die Frösche wanderten ab zum Kunigundensee, wo sie niemand mehr an die Wand warf.

Aber die Erleichterung war von kurzer Dauer. Nun brachte die Prinzessin Regenwürmer ins Schloss. Und als der arme Heinrich den Schlossgarten für Regenwürmer sperrte, brachte sie Käfer, Mäuse, Salamander; zum Schluss, als gar keine Tiere mehr im Schlosspark waren, warf sie Steine an die Wand, und auch sie verwandelten sich im Nu in goldene Tellerchen.

Längst hatten Arbeiter unten vom Tal Hütten und Scheunen, ganze Lagerhallen am Palast angebaut für die goldenen Tellerchen. Und der König aß und trank nichts mehr, blieb den ganzen Tag im Bett und wollte keine goldenen Tellerchen mehr sehen. »Ein Königreich für einen Blechnapf!«, jammerte er in sein Kopfkissen. »Warum bin ich nur gestraft mit dieser Tochter?«

Der arme Heinrich war ganz verzweifelt, weil er den guten König so leiden sah und nicht helfen konnte. Da packte ihn die Wut, er stürzte ins Esszimmer, wo die Prinzessin wieder mit einem goldenen Löffelchen von ihrem goldenen Tellerchen aß, blieb mit hochrotem Kopf vor der Prinzessin stehen und schrie: »Prinzessin, du bist eine dumme Gans, ein Miststück, ein ungezogenes Gör und eine Strafe für die ganze Menschheit!«

Da war die Prinzessin zornig, schlug mit der Faust so kräftig auf den Tisch, dass ihr goldenes Tellerchen tanzte und ihr goldenes Löffelchen hüpfte. »Du alter Grobian! So redet man nicht mit einer Prinzessin!« Und in ihrer Wut nahm sie ihr goldenes Tellerchen und warf es mit aller Gewalt nach dem armen Heinrich. Der konnte sich gerade noch bücken, und so knallte das goldene Tellerchen an die Wand und tat einen fürchterlichen Krach und rauchte, und Funken stoben und Ruß wirbelte durch die Luft. Und als die Prinzessin und der arme Heinrich sich von ihrem Schrecken erholt hatten, stand da ein stattlicher junger Krämer in grauem Anzug und blauem Hemd und gestreifter Krawatte und war schön anzusehen. Und die Prinzessin schloss ihn in die Arme und nannte ihn ihren Märchenprinzen. Der junge hübsche Krämer aber hatte Kaufmann gelernt in Augsburg und verstand etwas vom Geschäft.

Es war Liebe auf den ersten Blick. Und so wurde Hochzeit gefeiert im Schloss. Der König war glücklich, die Prinzessin und ihr Krämer verkauften die goldenen Tellerchen eines nach dem anderen und wurden reich und lebten glücklich bis an ihr Lebensende.

Der arme Heinrich aber sagte: »Mir gefällt der Umgangston hier nicht. Ich kündige.« Und als er das gesagt hatte, tat es einen Schlag, Funken stoben, und Rauch quoll aus dem Boden. Und er ward verwandelt in einen wunderschönen Prinzen. Die Prinzessin schaute nur betreten, als er sich aufs Pferd schwang und auf Nimmerwiedersehen davonritt. Der Prinzessin blieben die goldenen Tellerchen und der Krämer; der Prinz aber ritt zum nächsten Schloss, heiratete eine andere Prinzessin und wurde König. Und wenn sie nicht gestorben sind, so leben sie heute noch.

Für Menschen, die Alternativen lieben:
Ich will alle meine Berge zum ebenen Wege machen, und meine Pfade sollen gebahnt sein. (Jesaja 49,11)

Tragt
keinen Geldbeutel bei euch,
keine Tasche und keine Schuhe,
und grüßt niemanden unterwegs.

Lukas 10,4

Der Reißverschluss

Es war einmal ein Reißverschluss, der wohnte in einer Winterjacke und war meist sehr nass. Denn Moritz, dem die Jacke gehörte, machte nichts lieber als Schneeballschlachten, Pfützenhüpfen und Hügelrutschen. Das passte dem Reißverschluss nun gar nicht. Er sagte:»Ich bin für ein anderes Leben genäht worden.« Sprach's und zog nach Amerika, weil in Amerika jeder, auch wenn er noch so klein anfängt, eine echte Chance bekommt.

Und Moritz wunderte sich, dass er die nasse Winterjacke nicht mehr ausziehen konnte, weil der Reißverschluss fehlte. Mama musste die Jacke mit der Schere aufschneiden und hat geschimpft und gesagt, Moritz hätte nichts als dummes Zeug im Kopf.

Dabei konnte Moritz gar nichts dafür. Der Reißverschluss war schuld. Er war sich zu schade für eine richtige Jungenswinterjacke und arbeitete jetzt in Amerika als Tellerwäscher, nass von oben bis unten, und das zehn Stunden am Tag. Das hatte er davon. Hätte ja keiner was dagegen gehabt, wenn er mal geklemmt hätte oder gesperrt oder so etwas Ähnliches. Aber gleich abhauen nach Amerika? Soll er doch Teller waschen. Wäre er bei Moritz geblieben, dann wäre er dieses Jahr in die Berge gefahren und hätte Skispringer gesehen von ganz nah. Hundert Meter sind sie geflogen. Aber er wollte ja lieber nach Amerika.

Für Weglose:
Greif nicht nach dem, wohin der andre sieht. (Jesus Sirach 31,16)

Über die Brücke gehen

Das Alter ist nicht nur ein Segen.
70 oder 80 Jahre waren in biblischer Zeit ein kaum vorstellbares Alter. Jedenfalls nicht für die Normalbevölkerung. Die Könige in Israel starben in der Regel nicht einmal 50-jährig. Das dürfte die übliche Lebenserwartung damals gewesen sein. Heute werden Menschen bald doppelt so alt.
Was für eine Wucht! Was für ein Geschenk!
Was dem einen ein Segen, scheint allerdings dem anderen ein Fluch.

Die Bibel ist ein ehrliches Buch. Nichts wird beschönigt, nichts wird ausgeklammert. Auch heute würde sie erzählen von Kriegen, Fluchten, von Geburten und Wünschen.
Heute würde die Bibel staunen, wie alt in vielen Ländern die Menschen werden. Und würde klagen über ein Phänomen, das sich mit zunehmender Lebenserwartung offensichtlich ergibt: Ich meine die Demenz.

Jeder erfährt das Älterwerden anders. Mit dem Alter ist es wie mit Geburt und Tod: Das kann mir keiner abnehmen. Das ist ganz meine Sache. Und doch: Je älter ich werde, wird auch mein Alter zu einer Angelegenheit anderer.
Zurzeit leiden in Deutschland etwa eineinhalb Millionen Menschen an mittelschwer und schwer ausgeprägten Demenzerkrankungen. Wie damit umgehen? Wie angesichts eines verdunkelten Lebens nicht verzweifeln, sondern lieben? Wie geht das?

Arno Geiger schreibt in seinem autobiografischen Buch »Der alte König in seinem Exil«: »Für meinen Vater gibt es keine Welt außerhalb der Demenz. Als Angehöriger kann ich deshalb nur versuchen, die Bitterkeit des Ganzen ein wenig zu lindern, indem ich die durcheinandergeratene Wirklichkeit des Kranken gelten lasse. Da mein Vater nicht mehr über die Brücke in meine Welt gelangen kann, muss ich hinüber zu ihm.«[3]

Ich bin angewiesen auf Liebe.

Es kommt die Zeit, da ich nicht mehr kann, wie ich will. Es kommt die Zeit, da nichts mehr geht, wie es früher ging. Es kommt die Zeit, in der ich angewiesen bin auf Liebe, wie früher als Kind. Einer gibt dem anderen die Hand. Eine reicht der anderen den Arm. So ging das seit Jahrtausenden.

War hier Vergessen, war dort Erinnern.

War hier Schwäche, dann war dort Kraft.

War hier Ehrlichkeit, dann war auch dort Ehrlichkeit.

Beide haben sich ertragen. Und das war gut so.

Das ist gut so, wenn einer den anderen ehrlich erträgt.

Dazu, meint Arno Geiger, müsse man über die Brücke gehen.

Dorthin, wo der andere ist.

Für die Forschen:

Vor einem grauen Haupt sollst du aufstehen und die Alten ehren und sollst dich fürchten vor deinem Gott; ich bin der Herr. (3. Mose 19,32)

In Lebenskrisen

»Hätten Sie einmal Zeit für mich?«
Menschen in Lebenskrisen suchen Verbündete. Ich habe noch niemanden erlebt, der nicht im tiefsten Innern ohne einen Rest Hoffnung, ohne die geringste Ahnung eines Weges aus seinem Dilemma gewesen wäre. Wer den Seelsorger aufsucht, sucht keinen, der nur aus Ohr besteht, er sucht Bestätigung, Einverständnis, eine Rückversicherung.

Es wird das Geheimnis eines »guten« Seelsorgegesprächs sein, eine Atmosphäre des Vertrauens zu schaffen, in der der Gejagte mehr und mehr spürt, dass sein Rücken frei ist. In der sein eigenes Ringen um Schuld und Rechtfertigung, um Weg, Umweg und Irrweg ernst genommen wird. In der sein Hass geäußert werden darf, sein Stolz nicht gebrochen und seine Hilflosigkeit nicht ausgenützt wird. Er wird in Andeutungen seine eigenen Spuren einer Lösung nennen, wird den Seelsorger hellwach beobachten, die Bewegung seiner Hände, das Spiel seiner Augen und den Tonfall seiner Stimme. Er wird die kleinsten Signale aufnehmen, so wie einem mit Zahnschmerzen Befallenen schon ein Windzug, ein lautes Wort oder ein kurzes Erschrecken neue Pein bereitet.

Menschen in schweren Lebenskrisen sind misstrauisch, nähren ihre Wunden von schlechten Erfahrungen und bestätigten Vorurteilen. Wollen nichts mehr, als bedingungslos geliebt zu werden, und sind wie oft unfähig, sich lieben zu lassen.

Die Chance, dass ich als Pfarrer keine weitere Station in der Reihe ihrer Enttäuschungen sein werde, ist gering. Auch ich habe meine Wunden, meide bestimmte Gerüche, ertrage nicht die Nähe eines jeden, weiche Themen aus, die meine Schuld berühren. Ich bin kein Spiegel und keine Mauer. Wer sich mir öffnet, betritt mit seiner Geschichte die meinige.

»Sie können sich wahrscheinlich nicht denken, weshalb ich zu Ihnen komme.«

O doch, durchfährt es mich. Ich warte mit einer Antwort. Sie hat noch keinen Platz gefunden, hat sich noch nicht eingepasst in den Stuhl am kleinen runden Tisch, an den Wänden überall Bücher, eine fremde Welt. Drüben am Fenster der Schreibtisch. An der Wand ein bretonisches Kruzifix, Rublevs Dreifaltigkeitsikone, Bibeln aller Art, zwei, drei alte Handschriften hinter Glas. Ich habe ihr Tee eingeschenkt. Ihre Hände sind mitten im Juni eiskalt. Sie hat sie beide um die Tasse geschlungen, als tanke sie Kraft aus der Wärme des Tees.

Ich warte, dass sie erzählt von ihrer zerbrechenden Ehe. Von dem anderen Mann. Dass sie sich nicht wehren kann gegen das Gefühl, wirklich zu lieben. Aber da sind die Kinder, und die Familie. Und die gemeinsamen Jahre. Dass sie es nicht erträgt, wenn nachts ihr Mann im Bett seine Hand auf die ihre legt.

»Es fällt mir schwer, darüber zu sprechen. Wenn ich es sage, dann klingt das so endgültig. Ich kann nicht mehr.«

Mein Bedürfnis, zu trösten, wächst. Ich kenne das Gefühl. Weiß, wie es ist, wenn man aller Welt ins Gesicht schreien möchte und darf es nicht. Wenn jeder deine Blöße sieht und du darfst sie doch nicht zugeben. Ich setze an, zu sagen, dass ich sie verstehen kann.

»Ich war gestern beim Arzt.«

Mein Gott, sie wird doch nicht auch noch schwanger sein. In dieser Situation, ein Häuflein Elend, und dann auch noch das.

»Ich habe einen inoperablen Tumor. Wahrscheinlich ist er …«

Sie hat die Augen gesenkt. Fingert in der Handtasche nach einem Taschentuch. Putzt sich die Nase. Fährt sich gedankenverloren durchs Haar. Lässt mir Zeit, mich von meinem Erschrecken zu erholen. Ich weiß nicht, worüber ich mehr entsetzt bin. Über diese Nachricht, oder über mich selbst.

Wir werden uns weiter unterhalten. Sie wird – vielleicht – nicht merken, dass ich sie in Schubladen gesteckt, gedanklich zur Lösung eigener Probleme missbraucht habe. Sie wird nach ein, zwei Stunden gehen, hat sich ausgeweint, hat die Nähe eines Menschen gespürt, hat mit mir gebetet, hat die wenigen Hoffnungen beim Namen genannt. Sie wird mich unter der Tür noch einmal anschauen: »Sie – denken bitte an mich?« »Ja, ich denke an Sie.«
Ich werde mit ihr bis zu ihrem Auto gehen, als ob diese zwanzig, dreißig Meter noch einmal eine Bestätigung wären. Werde nicht warten, bis sie wegfährt. Vielleicht mich noch einmal an der Türe umdrehen. Dann wird sie schon nicht mehr zu sehen sein. Werde ihre Tasse wegräumen, auch meine, die Teekanne, den Zucker. Sie wird am Dienstag mit der Chemotherapie beginnen. Und ich werde »an sie denken«.

In einem indischen Märchen wird erzählt, dass ein Blinder und ein Lahmer von einem Waldbrand überrascht wurden. In Panik flieht der Blinde in die falsche Richtung, auf das Feuer zu. Der Lahme ruft ihn zurück. Der Blinde ist ratlos: »Wie kommen wir da heraus?« – »Ich könnte dir den Weg zeigen«, sagt der Lahme, »wenn du mich trägst. Ich sehe die Gefahren, und du kannst sie umgehen.« Der Blinde trägt den Lahmen, und beide gelangen glücklich aus der Gefahr.

So ähnlich ist es, wenn Menschen in Lebenskrisen sich begegnen. Es ist gar nicht so sicher, wer sich im Verlauf des Miteinanders als lahm und wer sich als blind erweist. Entscheidend ist, dass sie ernsthaft ein Stück Weg gemeinsam gehen wollen. Menschen in Lebenskrisen wird mit Recht eine Therapie empfohlen. Aber das griechische Wort therapeuein bedeutet nicht »heilen« oder »Probleme lösen«, es bedeutet nur »begleiten«. Menschen in Lebenskrisen begleiten heißt mit ihnen eine Kreuzung abgehen, einen Scheideweg. Heißt suchen und tasten, heißt auch irren und trennen. Das würde mich selbst

zerreißen, wenn ich nicht mein ganzes Vertrauen darauf setzen würde, dass – wo immer wir gehen – Gott uns »entgegen-
kommt«.

Für Menschen, die begleitet werden:

Es ist gut, auf den Herrn vertrauen und nicht sich verlassen auf Menschen. (Psalm
118,8)

Ich bin

»Hätte ich«, erklärte der eine.
»Könnte ich«, meinte der andere.
»Würdest du«, sprach der Dritte.
»Bliebe sie«, bemerkte eine Vierte.
»Wäre doch«, klagte eine Fünfte.
»Verständen sie«, erwiderte ein Sechster.
»Ich bin«, sagte der Eine.

Für Querdenker:
Wenn ich nur dich habe, so frage ich nichts nach Himmel und Erde. (Psalm 73,25)

Nicht verirrt

Wir haben den Weg verloren. Plötzlich geht es im dichten Gebüsch nicht mehr weiter. Berge von Blättern, Geäst, Schneereste. Verlegen schaue ich sie an. Ich kenne mich hier doch aus, habe die Abkürzung selbst vorgeschlagen. Peinlich, nun zuzugeben, dass ich mich verlaufen habe. Der Nebel wird dichter, es ist später Nachmittag.
Sie hatte mich angerufen und um ein Gespräch gebeten. Eine warme, sympathische Stimme. Aber auf irgendeine Weise gebrochen. Am Telefon hatte ich den Eindruck, sie überlegt jeden Satz zwei Mal. Und dann ist es noch lange nicht sicher, dass sie ihn auch ausspricht. Einerseits gehemmt, andererseits sprudelnd und fast hemmungslos. Verletzte reden so, Menschen mit schlechten Erfahrungen. Später erfahre ich, dass sie mich schon drei Mal angerufen und bei meinen ersten Worten wieder aufgelegt hatte. »Ich war noch nicht so weit«, sagt sie. »Und vergangenen Freitag hatte ich den Eindruck, jetzt ist es gut.«

Wir waren nach einigen belanglosen Sätzen – »Haben Sie gut hierhergefunden? Schön, wenn die Sonne wieder mal rauskommt! Wer ist jetzt bei Ihren Kindern? Ich will Ihre Zeit aber nicht zu lange beanspruchen« – ins Auto gestiegen und hierhergefahren. Am Telefon hatte ich gesagt: »Vormittags habe ich Schule, um 14 Uhr eine Beerdigung. Könnten Sie sich vorstellen, dass wir einfach miteinander spazieren gehen?« – Zögern. Zwei Mal überlegen. Risiken kalkulieren. »Ja«, sagt sie, »aber nur, wenn ich auch heil wieder nach Hause komme.« Und nach kurzem Zögern: »Das hab ich jetzt nicht so ernst gemeint.«

Und nun haben wir den Weg verloren. Keine Kirchturmuhr, kein Wanderer, keine Landkarte, kein Engel. Ich spüre, dass sie zu zittern beginnt. Eine Futterstelle für Rehe, dichter Laubwald, spärlich dazwischen die eine oder andere müde und schwere Fichte. Nirgendwo ein Weg. Was sie nun von mir denkt, wo doch ihre größte Sorge die ist, was die Leute von ihr denken.

Die Wetterseite! (Doch ein Engel?) »Die Wetterseite«, sage ich, »an der Wetterseite der Bäume erkennt man die Himmelsrichtung.« Sie schaut mich an, und dann ist es wieder da, dieses befreite Lachen, das man den Festgefahrenen so sehr wünscht und das dann doch so schnell umschlägt, wenn man ihnen zu nahe kommt.

»Wenn's danach ginge«, sagt sie, »dann wären Sie bei mir aufgeschmissen. Bei mir wachsen überall Flechten und Moose.« Ich muss etwas irritiert geschaut haben. »Bei mir gibt es keine geschützte Stelle mehr«, sagt sie. »Ich bin nur noch Wetterseite. Von allen Seiten.« Und dann geht sie los. Die Büsche sind hier zu dicht. Ich kann sie nicht überholen. Ob sie weint oder lacht, ich weiß es nicht. »Na, mein Pfarrer«, sagt sie, als wir den Weg erreichen, »Angst gehabt?«

Zehn Minuten im Nebel, ohne Weg, ein kurzes, und doch sehr intensives Spiel der Möglichkeiten und der Abwege. Nun haben wir wieder »festen Boden« unter den Füßen. Aber wir sind beide um eine Erfahrung reicher – und freier. »Das ist es«, sagt sie: »Was passiert, wenn man sich verlaufen hat?« (Jetzt nicht dazwischenreden! Jetzt keine Weisheiten aus der Bibel und keine runden Bilder aus der eigenen Geschichte. Jetzt einfach weitergehen, Blick auf gebrochene Äste, zerspellte Felsen, müde Zweige. Bis zur nächsten Weggabelung schweigen.)

»Was ist, wenn man sich verlaufen hat?«

»Die Wetterseite«, sage ich.

»Das ist mir ein schöner Gott«, sagt sie.

»Schön vielleicht nicht«, sage ich, »aber ehrlich.« Und greife in den pappigen Schnee, ziele wie ein übermütiger Junge auf irgendeinen Stamm und werfe weit daneben.

Es gibt wenige Irrtümer, für die man immer noch so lange und so vielseitig bezahlt wie für den Irrtum, zum falschen Mann oder zur falschen Frau einmal »Ja« gesagt zu haben. Später ist man immer klüger. »Besser zwei Mal fragen als einmal irregehen«, sagt der Volksmund. Oder noch flapsiger: »Drum prüfe, wer sich ewig bindet ...«

Es gleitet uns so vieles aus der Hand. Nach zwei Kriegen, nach Wirtschaftswunder, Jahrtausendwende, Euro-Einführung und Vierhundert-Euro-Job: alles Wetterseite. Nichts mehr sicher. Kein Lot mehr, kein Leuchtfeuer, keine gemeinsamen Regeln. Als ob wir von vorne begännen, nur mit der Hypothek, dass wir uns selbst durchschauen.
»Irren ist menschlich.« Ein dem Kirchenvater Hieronymus nachgesagter Satz. Ein befreiender Satz. Da steht nicht: »Irren ist Sünde.« Da steht: »Irren ist menschlich.«

Sich »irren« hat in seiner ursprünglichen Wortbedeutung die Bedeutung »die Orientierung verlieren, vom Weg abkommen, umherschweifen«. Ist der Weg aus der Orientierungslosigkeit erkannt, aber durch »Gesetze« verbaut, stellt sich die Frage nach den Prioritäten: Ist das Gesetz um des Menschen willen oder der Mensch um des Gesetzes willen da? Das gilt für die Ehe und für die Ehescheidung.
Der Heilungsprozess hat begonnen, wenn ich meinen Irrtum erkannt habe. Dann darf mir doch – um des Lebens willen – nicht die Aufrechterhaltung des Irrtums zur Pflicht gemacht werden. Nur wenige haben bei diesem Opfergang den inneren Frieden gefunden. Viele sind zerbrochen, bitter geworden. In der Mehrzahl waren dies eben Frauen.

Wenn ich es richtig verstehe, dann ist die Bibel ein grandioses Zeugnis dafür, dass Gott es nicht aufgibt, menschliche Irrtümer durch Liebe zu korrigieren. Nicht zu den Gesunden, zu den Kranken ist Jesus als Arzt gesandt. Dem verirrten Schaf gilt seine ganze Anstrengung, den irregeleiteten Menschen in Jerusalem seine ganze Trauer.

»Wir gingen alle in die Irre wie Schafe, ein jeder sah auf seinen Weg. Aber der Herr warf unser aller Sünde auf ihn.« (Aus Jesaja 53)
Wir gingen alle in die Irre wie Schafe. Ein jeder sah auf seinen Weg. Keiner achtete die Wetterseite des anderen. Keiner fragte, ob sich der andere übernimmt.

Ich suche nach Wegen aus diesem Nebel und meine: Irren ist menschlich. Gott erlaubt uns die Korrektur. Und eben nicht mit einem »Tintenkiller«, nicht mit dem Messer. Er schlägt für uns eine neue Seite auf. Das verstehe ich unter »Vergebung«.

Für Menschen, denen das Miteinander wichtig ist:
Und es geschah, als sie so redeten und sich miteinander besprachen, da nahte sich Jesus selbst und ging mit ihnen. (Lukas 24,15)

63

Gebet

Wenn der Tag aus der Erde blüht
und feucht noch Tau sich webt,
will ich dir danken, du trägst all meine Lieder in dir,
hörst mein Gebet
– du mein Gott, ich dein Geschöpf – hörst mein Gebet.

Wenn die Sonne den Tag mir teilt und Schatten werden klein,
will ich dir danken, du nimmst all meine Träume mit dir,
hüllst sie mir ein
– du mein Gott, ich dein Geschöpf – nun darf ich sein.

Wenn der Tag sich in Weiten sucht
und braun das Laub sich schließt,
will ich dir danken, du birgst all meine Ängste in dir,
alles, was ist,
– du mein Gott, ich dein Geschöpf – weil du mich liebst.

Wenn der Tag sich ins Dunkel senkt, mein Leben zieht vorbei,
will ich dir danken, du trägst all meine Hoffnung in dir,
alles, was sei,
– du mein Gott, ich dein Geschöpf – du sprichst mich frei.

Liebe weiß einen Tag sich fern von dem, was morgen lebt,
Leben ist uferlos, du kennst meine Grenzen, ich weiß:
Du bist's, der trägt,
– du mein Gott, ich dein Geschöpf – hör mein Gebet.

Für Menschen, die den Tag vor dem Abend loben:

Wenn ich sehe die Himmel, deiner Finger Werk, den Mond und die Sterne, die du
bereitet hast: Was ist der Mensch, dass du seiner gedenkst, und des Menschen Kind,
dass du dich seiner annimmst? (Psalm 8,4.5)

Sie hatte wenig, außer sich selbst

Sie hatte wenig, außer sich selbst und einem Herzen voller Liebe.
Vater Glaser.
Mutter Hausfrau.
Sie selbst Realschulabschluss.
Mit besonderem Lob für ihr soziales Engagement.
Ehemann: erfolgreicher Theologe, in erster Ehe geschieden.

Ihr erstes gemeinsames Kind hatte Mühe mit dem Atem.
Das zweite und dritte auch.
Alle überlebten.
Und – oh Wunder – alle bestanden das Abitur.
Der Erste sogar mit einem Sportpreis. Sprang er doch bei der
Prüfung unsagbare 1,78 m hoch.
Die Zweite wurde Schulsprecherin, später Mentorin für an-
dere Lehrer.
Die Dritte studiert noch.
Alle weit über dem Wissen der Mutter; weit über deren Her-
kunft; weit über ihren Möglichkeiten. Sie hat alles übersprun-
gen. Es waren nicht wenige Hürden. Sie hat sie alle genommen.

Alle konnten ein Instrument lernen. Nicht alle hielten durch.
Der Älteste probierte Klavier, Posaune und alles, was sich
später an Instrumenten anbot. Heute veröffentlicht er eigene
CDs, ist Lehrer, gibt Klavierunterricht und besitzt ein Tonstu-
dio.
Die Mittlere sang gern, spielte besessen, wurde Lehrerin und
ist jetzt Klassen- und Vertrauenslehrerin. In einer Zeit wie
heute ein seltenes Kompliment.
Die Jüngste probierte Geige und gab dann auf. Aber sie hilft
Kindern bei Mathe und Deutsch. Sie hat Zeit für türkische
Kinder. Sie singt in einem Gospelchor. Gelegentlich sogar

solo. Pflegt einen bewundernswerten Freundeskreis. Das alles ist nicht selbstverständlich.

Sie hatte wenig, außer sich selbst und der Liebe. Doch nie hatte sie den Eindruck, die Familie wolle sie drücken. Es gab keine Sätze wie:»Das verstehst du nicht. Du bist zu blöd.« Immer wieder Austausch der Erfahrungen am Abend oder bei einem Kaffee am Mittag. Oder die eine späte Stunde am Abend am Ofen.

Heute trainiert sie Verletzte und Angeschlagene als Reha-Therapeutin. Mit großem Erfolg und enormer Zuneigung der Patienten. Man beschenkt sie mit Blumen, Ölen und lieben Gesten. Sie leitet an, ohne andere klein zu machen. Sie korrigiert ohne Besserwisserei.

Als die ersten Enkel kamen – und sie kamen einer nach dem anderen – und als ein Jahr oder zwei ins Land gegangen waren, war sie der Mittelpunkt. Es zählten keine Namen, kein Zeugnis und kein anderer Abschluss. Es zählte nur, dass sie liebte und – das ist gar nicht so einfach – lieben konnte. Der Enkel fragt nicht nach Zeugnissen, die Enkelin nicht nach dem Schulabschluss. Dabei war alles hervorragend, nur nicht die Qualität der Schulen. Die war vergessen, unwesentlich geworden. Längst war sie erwachsen und ein wesentlicher Mensch. Sie fuhr mit dem Mann nach China, Kreta, in die Bretagne, nach Tibet, Nepal und Israel. Leitete mit ihm Reisen nach Ägypten, Peru, zur Seidenstraße, nach Usbekistan oder an den Mekong. Fragt man sie, dann verwechselt sie Bilder und Namen. Aber weiß, was den Menschen wichtig war.

Sie hat – bescheiden denkt sie manchmal darüber nach – zwei Stufen auf einmal übersprungen. Das geht. Ist sie doch als Kind über 5 Meter weit gesprungen und der Sohn 1,78 m hoch. Auch wenn keiner sie deshalb besonders würdigt: Die Kinder, die sie geboren hat, und deren Kinder strahlen, wenn sie von ihr erzählen.

Kein Enkel wird wohl Olympiasieger werden. Doch das macht nichts. Sie alle bestaunen ein Wunder, das sich »Mama« oder »Oma« nennt.
Und das eigentliche »Wunder«: Sie macht aus sich keine Show.
Dabei hat sie drei Kinder geboren, drei Kinder durch schlaflose Nächte getragen, ein Kind mit Spreizgips zu den Ärzten und ins Krankenhaus.
Hat um vier Kinder gebangt und manchmal den eigenen Mann nicht verstanden. Doch eben für den ist sie ein Wunder.
Nicht, weil sie dies oder das getan hat, sondern weil sie ihn immer noch liebt.
Wunder – sagt der – gehen tief, oder gehen nicht.
Es gibt kein Rezept. Es gibt nur Dankbarkeit. Dann ist es gut.
Wunder gehen tief, oder gehen nicht.

Sie haben längst verstanden:
Ich erzähle in kürzesten Worten von meiner eigenen Frau.
Kürzer geht nicht.
33 Jahre sind wir verheiratet. Gute und schlechte Zeiten.

Noch übermorgen hat sie ein gutes Wort für mich. Sie wird auch viele »Abers« haben. Doch sie weiß, wo die Taschenlampe ist, wenn der Enkel eine braucht.

Für Menschen, die (fast) selbstverständlich lieben:
Und der Friede Gottes, der höher ist als alle Vernunft, bewahre eure Herzen und Sinne in Christus Jesus. (Philipper 4,7)

Gefragt I

Der Mann aus N.
wurde von einem gefragt,
links oder rechts des Weges,
das spielt keine Rolle,
wohin er gehe.

»Warum«,
entgegnete der Mann aus N.,
»warum fragst du mich nicht,
woher ich komme?«

Für Menschen beim Suchen nach der Himmelsrichtung:

Es werden kommen von Osten und von Westen, von Norden und von Süden, die zu Tisch sitzen werden im Reich Gottes. (Lukas 13,29)

Eines Tages

Eines Tages stieg der Pfarrer zur Predigt auf die Kanzel und sprach: »Liebe Freunde, kennt ihr den Gegenstand, worüber ich mit euch sprechen will?«
»Wir kennen ihn nicht«, tönte es aus dem Zuhörerkreis.
»Ja, wie soll ich dann mit euch von etwas sprechen, das ihr gar nicht kennt?« Sprach's, stieg die Kanzel wieder hinunter und ging davon.

Das nächste Mal begann er mit derselben Frage: »Wisst ihr, meine Gläubigen, was ich euch sagen will?« Diesmal gaben diese wohlweislich die entgegengesetzte Antwort: »Ja, wir wissen es.«
»Was brauche ich euch dann davon zu sprechen, wenn ihr es ohnehin schon wisst?« Und wieder stieg der Pfarrer von der Kanzel.

Jetzt schlug ein Mann der betretenen Gemeinde vor, wenn der Pfarrer wiederkomme, sollten die einen sagen: »Wir wissen es« und die anderen: »Wir wissen es nicht.« Dieser Ratschluss fand Beifall und wurde befolgt.
Aber der Pfarrer antwortete jetzt folgendermaßen:
»Sehr gut. Da mögen es die, die es wissen, denen, die es noch nicht wissen, mitteilen« – und verschwand.[4]

Mein Gott. Was für ein Desaster für die, die alles besser wissen. Denen man den siebten Sinn nachsagt und die Weisheit der Mütter und Väter.

Mein kleines Credo:

Ich glaube.

Ich weiß nicht.
Es war
und es wird.
Weil er ist.
Mehr weiß ich nicht.
Amen.

Für Menschen, die ihre Grenzen erkennen:

Wir wissen, dass wir von Gott sind, und die ganze Welt liegt im Argen. (1. Johannes 5,19)

Vater unser – Kurzfassung

Vater unser,
erlöse uns
von dem Bösen.

Punkt.
Genug.
In Ewigkeit.
Amen.

Für Eilige:
Sei nicht schnell mit deinem Munde und lass dein Herz nicht eilen, etwas zu reden
vor Gott; denn Gott ist im Himmel und du auf Erden; darum lass deiner Worte
wenig sein. (Prediger 5,1)

Suchet der Stadt Bestes

Jeder Mensch möchte sicher leben.
Ein Dach über dem Kopf.
Lieben, Kinder und Enkel aufwachsen sehen.
Weinberge pflanzen, Häuser bauen,
in denen man in Frieden wohnen kann.
Wenn es in der Stadt keinen Bürgersinn gibt, wenn es in der Mehrzahl keine Mitmenschen, nur Ohnemenschen gibt, geht eine Stadt zugrunde.

Mit dem aufopferungsvollen, manchmal gefährlichen, oft ehrenamtlichen Dienst der Mitglieder der »Freiwilligen Feuerwehren«, des »Roten Kreuzes«, des »Technischen Hilfswerks«, der »Malteser« und anderer Hilfswerke entsprechen diese genau dem biblischen Auftrag: Strebt nach dem Besten für die Stadt und ihre Bürger.
Sie erfüllen die Erwartungen ihrer Nächsten, ihrer Nachbarn, auch der Fremden, die durch unsere Straßen und über die Autobahn fahren und das Schild mit dem Namen unserer Stadt lesen. Und so tun sie den Willen Gottes.

Menschenleben zu schützen und zu retten
ist eine Form, Gott zu ehren.
Hab und Gut anderer zu schützen
ist auch eine Form, Gott zu ehren.
In Not Geratenen zu helfen
ist ebenso eine Form, Gott zu ehren.
Dafür setzen sich Tausende ein!
Sie sind überzeugt, dass jedes Menschenleben unendlich wertvoll ist. Deshalb ist jedes Leben zu schützen. Dafür tragen wir vor Gott Verantwortung.
Sie sind Mitarbeiter im Rettungsdienst Gottes.

Gott segne die Einsätze und die Heimkehr nach Hause. Er bewahre alle Helfenden in gefährlichen Stunden. Gott gebe ihnen das Geschick, in Notfällen mutig und gekonnt zu arbeiten. Er verschone unsere Gemeinden vor Feuers- und Wassersnot, vor Naturkatastrophen und schlimmen Unfällen.

Jedes Mal, wenn ich das Martinshorn höre in unserer Stadt, unterbreche ich das, was ich gerade tue. Ob Rotes Kreuz, Polizei oder Feuerwehr, das gilt für alle Signale. Ich falte die Hände und spreche ein Gebet: »Treuer Gott, bewahre die, deren Leben jetzt bedroht ist, und bewahre auch die, die jetzt auf dem Weg sind, ihnen zu helfen.« So etwa habe ich in den vier Jahrzehnten als Pfarrer Tausende Male still gebetet.
Hören Sie nicht weg. Falten Sie bitte auch die Hände.

Für Hilfsbereite:

Suchet der Stadt Bestes, dahin ich euch habe wegführen lassen, und betet für sie zum Herrn; denn wenn's ihr wohlgeht, so geht's auch euch wohl. (Jeremia 29,7)

Im Vorbeigehen lieben

Wenn dir Liebe geschenkt ist,
vergiss die Grenzen.
Wenn du Liebe schenkst,
bestehe nicht auf Bedingungen.
Wenn du Liebe spürst,
erwarte keine Erklärung.

Liebe ist eine Nische,
eine Lücke im hastenden Nein,
die Menschen oft nur im Vorübergehen gewährt ist.
Du bist eingeladen,
vorübergehend einzukehren.

Es bleibt die Sehnsucht auf gemeinsame Zukunft.
Es bleibt die Bitte um Geduld.
Es bleibt die Hoffnung auf Verständnis
und das Vertrauen in die Größe der Nachsicht.

Du hast einen Sämling hinterlassen.
Vielleicht einen Baum gepflanzt.
Wenn Gott will, wird er wurzeln und wachsen.
Er bleibt, auch wenn du gehst.
Du wirst wiederkommen.
Eines Tages darfst du ernten.

Eine Warnung für »vorübergehend« Liebende:
Was soll ich dir tun, Ephraim? Was soll ich dir tun, Juda? Denn eure Liebe ist wie
eine Wolke am Morgen und wie der Tau, der frühmorgens vergeht. (Hosea 6,4)

abseits

Es war zwischen Kairo und Alexandria. Auf der Autobahn machten wir gegen Mittag eine kurze Rast. Die Raststätte verfügte über ein akzeptables WC und einen Verkaufsladen für Süßigkeiten, Getränke und Landkarten.

Ich ging etwas abseits. Folgte im Abstand Gamal, einem unserer beiden Reisebegleiter. Ein eher nachdenklicher Mensch, Mitte zwanzig, nicht vorschnell in seinen Worten, für einen »Guide« ganz unüblich. Vielleicht gerade deshalb mir besonders sympathisch.

Da war ein Schuppen. Niedrige Tür, durch einen Vorhang abgedeckt. Innen eher dunkel. Ich bückte mich und trat ein. Der Boden mit Teppichen bedeckt. Auf einem der Teppiche kniete Gamal und betete sein Mittagsgebet.

Ich kniete mich zwei Teppiche rechts von ihm. Am Rand der Autobahn zwischen Kairo und Alexandria. Ein Vater unser. Ein 23. Psalm. Die Anrufung des einen Gottes und seines Propheten. Der Beginn einer Sure.

Vier leuchtende Augen.
Vier offene Arme.
Ein Gebet.

Ein Jahr später besuchte er unsere Familie.
Ich zeigte ihm unsere Kirche.
Er war mit mir auch dort zu Hause.
Die Moschee liegt 500 m entfernt.
Ich war auch dort zu Hause.
Wo sollte ein Suchender nicht zu Hause sein?

Ich bete in Moscheen und in buddhistischen Tempeln. Gelegentlich finde ich bei der Vielfalt der Hindus nicht die nötige Ruhe und bedauere es, dass Synagogen oft nur »gezeigt« werden.
Aber mir war noch nie ein »heiliger Ort« fremd.

Für Touristen:

Sein Name bleibe ewiglich; solange die Sonne währt, blühe sein Name. Und durch ihn sollen gesegnet sein alle Völker, und sie werden ihn preisen. (Psalm 72,17)

Ich habe heilige Orte erlebt

Eindrücklich für mich war im Süden Chinas das buddhistische 3-Pagoden-Kloster mit seiner heiteren Weite, seiner eindrücklichen Ruhe und Geneigtheit. Selten war Stille so spürbar und Staunen so präsent.

In Kairo die Al-Azhar-Moschee. Ein wahrhaft glänzender Platz, den keiner mit Schuhen betritt. Große Räume in Gewölben, in denen der Koran studiert und diskutiert wird in einer heiligen Ruhe. Ich habe mich niedergekniet wie die anderen. Keiner, der störte. Leise Gespräche am Rand. Es war gut, wie es war.

Auf dem Berg Horeb saßen wir abends bei untergehender Sonne im Schutz der Mauern einer kleinen Kapelle. Als wir später in der Gruppe abstiegen, über uns ein Sternenhimmel, klar wie im besten Planetarium, und eine Stille, die durch nichts unterbrochen wurde. Elia war hier. Aaron war hier. Mose war hier. Ein heiliger Ort.

Manchmal ist das so, wenn deutsche Kirchenchöre solche Orte besuchen, dass sie gleich ein passendes Lied anstimmen – zum Davonlaufen. Was ist die Stille für ein Segen.

Besuche ich eine unserer schönen Kirchen und Kathedralen – für mich ist der Speyerer Dom immer noch ein solcher heiliger Ort –, blitzt und klickt es in einem fort. Redet, tuschelt, zeigt und meint. Dirigiert, sperrt ab, mahnt und wirft böse Blicke.

Heilige Orte umarmen die Seele und sagen: Setz dich. Lass das Mitgebrachte liegen, die Kamera, die Sorgen, die Vorurteile.

Hier bist du zu Hause, welches Bekenntnis du auch mitbringst.

Für Besuchende:

Und der Engel des Herrn erschien ihm in einer feurigen Flamme aus dem Dornbusch. Und er sah, dass der Busch im Feuer brannte und doch nicht verzehrt wurde. Da sprach er: Ich will hingehen und die wundersame Erscheinung besehen, warum der Busch nicht verbrennt. Als aber der Herr sah, dass er hinging, um zu sehen, rief Gott ihn aus dem Busch und sprach: Mose, Mose! Er antwortete: Hier bin ich. Gott sprach: Tritt nicht herzu, zieh deine Schuhe von deinen Füßen; denn der Ort, darauf du stehst, ist heiliges Land! (2. Mose 3,2-5)

Das ist das erste Zeichen,
das Jesus tat,
geschehen in Kana in Galiläa,
und er offenbarte seine Herrlichkeit.
Und seine Jünger glaubten an ihn.

Danach ging Jesus
hinab nach Kapernaum,
er, seine Mutter, seine Brüder und seine Jünger,
und sie blieben nicht lange da.

Johannes 2,11.12

Vom Wollen und Dürfen, vom Können und Bleiben

Einer ist geblieben, auch wenn er anders gekonnt hätte. So erzählen es zumindest die Evangelien. Einige sind gegangen. Haben erst alles, was recht ist, liegen lassen. Doch geblieben sind auch sie nicht. Sie mussten zurück. Zurück zur Arbeit. Zurück zum Broterwerb.

Jesus und die Hirten. Die Hirten und Jesus.

Die Bibel ist ein langes, großartiges Zeugnis vom Wollen und Dürfen, vom Können und Bleiben.

Die Bibel ist ein »Zöger-Buch«. Die Bibel »hat nicht«, »weiß nicht«. Die Bibel wächst mit dir. Zaudert mit dir. Kann mit dir. Und scheitert mit dir. Wünscht mit dir. Sucht mir dir. Die Bibel ist – besonders im »alten« Testament – sehr lang. Hat Zeit. Braucht Zeit. Sie hat einen langen Atem, ein tiefes Gespür und eine erstaunliche Weite. All das darf ihr niemand nehmen. Er oder sie würde die tiefsten Gefühle verletzen. Die Bibel ist ein »Lebensbuch«. Nie hat das Leben auf geraden Linien geschrieben. Nie auch im Perfekt. Da kam immer noch etwas nach.

Wir Pfarrerinnen und Pfarrer haben es im »Hebraicum« gelernt: Die hebräische Sprache kennt nicht unsere »Zeiten«. Sie kennt eher so etwas wie »Wirklichkeit« und »Möglichkeit«. »Ich lebe in Berlin«, das wäre die Wirklichkeit. »Mecht ich doch leben in Frieden«, das wäre die Möglichkeit. Und sie steht offen. So erst wird die Zeit ein Fluss ohne Ufer, ein Weg ohne Grenzen, eine »himmlische Weite« – ein »Wunder-Weg-Weiser«.

Die Bibel ist ein »Zöger-Buch«, hält gelegentlich den Atem an, spielt mit Wirklichkeit und Möglichkeit, kennt Insassen hier und Beteiligte dort. Geht nie eins und eins auf. Will das auch gar nicht. Der alte Titel – ich besitze das Buch des 1980 verstorbenen Werner Keller noch: »Und die Bibel hat doch recht« – hatte nicht recht. Die Bibel ist kein Beweisbuch, kein Schriftsatz. Kein Mensch darf, soll, kann oder muss die Bibel verifizieren oder falsifizieren.

Die, die die Bibel schrieben, drückten das im Deutschen nicht »Ausdrückbare« aus, eben die gnädige Weite zwischen Spachtel und Federstrich. Oder eben das unübersetzbare »mecht«. »Mecht ihm Gott verzeihen« oder – was noch schwieriger wäre – »mecht ihn Gott verstehen«!

Und – so fragen die Menschen, die uns zum Beispiel zu Advent und Weihnachten in Gottesdiensten besuchen: »Wie ist das mit der Geburt des Erlösers? Wie ist das mit der Jungfrau und dem Stall von Bethlehem?«
Dann falten sich meine Hände.
Dann sinkt mein Kopf ins Kissen.
Dann kommt die eine oder andere Träne.
Ein Schuft, wer dabei Böses denkt oder mich auslacht.

Die Bibel ist ein langes, großartiges Zeugnis vom Wollen und Dürfen, vom Können und Bleiben. Vom Wünschen und vom Wandern.

Weite Wege sind Maria und Josef gegangen.
Weite Wege dürfen – wenn es uns geschenkt ist – auch wir gehen.
Die Hirten gingen kurze Wege. Wenn ich an meine geografischen Kenntnisse von Bethlehem denke – »sie kamen ei-

lends«. Und dann »breiteten sie das Wort aus«.
Mehr ist uns nicht aufgetragen.
Wir sollen uns sputen, wenn Gott ruft.
Wir sollen erzählen, wenn wir überzeugt sind.
Wir sollen leben aus seinem Leben.
Wir sollen uns »das Wort auf der Zunge zergehen lassen«,
wenn es ans »Eingemachte« geht.
Gelegentlich sollten wir den Mund halten.
Nichts schlimmer als ein Geschwätz ins Mikrofon, wo Gott
selbst zögert.

Ich las bei Monika Maron, Flugasche[5]:
»Und am Abend pünktlich um acht wird sie die Haustür zu-
schließen. Nach acht sind wir nicht mehr zu sprechen. Da
sperren wir uns ein in unsere Höhlen oder sperren uns aus
– aus der Menschengesellschaft. Da hilft kein Klopfen, lieber
Freund, und auch kein Rufen, die Autos überschreist du nicht.
Geh nach Hause. Ordnung muss sein. ...
Eines Tages gründe ich mein Haus, ein großes Mietshaus,
in dem nur Leute wohnen, die miteinander befreundet sind.
Nicht so eine künstliche Hausgemeinschaft, die immer nur
Zäunchen baut und in der jeder Mühe hat, sich seine Nachbarn schönzugucken. Acht oder neun oder zehn Parteien, jeder hat seine eigene Wohnung, man kann allein sein, muss
aber nicht. An den Türen hängen Schilder, auf der einen Seite
rot, auf der anderen grün. Bei Grün darf man klingeln, Rot
heißt: nicht stören. Zu Weihnachten und zu Geburtstagen
kocht jede Wohnung einen Gang. Der Boden wird ein Spiel-
zimmer für die Kinder. Niemand muss von einer Dienstreise
in eine kalte Wohnung kommen. Und wenn einer ein Buch
schreiben will, kann er aufhören zu arbeiten, und die anderen
bezahlen ihm einen einjährigen Arbeitsurlaub. Wenn jeder
fünfzig Mark gibt, hat er ein Mordsstipendium. Dafür hütet
er manchmal die Kinder. Und wenn sein Buch fertig ist, kann
er vorn reinschreiben, dass er uns allen dankt. Wenn keiner es

drucken will, ist es auch nicht schlimm, dann liest er es den andern vor.
Heute hätte ich mein Schild auf die grüne Seite gedreht.«

Ich wünschte, das könnten wir mehr und mehr lernen, die Schilder vor unseren Türen und Kreisen auf Grün zu stellen. Und dem »mecht« der Bibel ein ehrliches Zuhause schenken. Und bei allem »wider« gelegentlich die Hände in den Schoß legen. Sie sind dort gut aufgehoben.

Für Menschen, die die Offenheit und Weite lieben:
Und er ging zu ihm, goss Öl und Wein auf seine Wunden und verband sie ihm, hob ihn auf sein Tier und brachte ihn in eine Herberge und pflegte ihn. (Lukas 10,34)

Schrumpfen und andere Heilmittel

Schrumpfen ist angesagt.
Man weist auf die Demographie, die Migration oder den Zeitgeist. Die Gewinne schrumpfen, die Löhne und die Auflagen der Bücher.
Ich meine nicht, dass es ein Elend sei, wenn diese Kirche schrumpft. Ich habe manches Holz gesehen, das lange bei mir lagerte, geschrumpft ist und dadurch endlich eine Kontur bekam. Beim Schrumpfen entsteht Profil!
Doch beim Schrumpfen der Kirche ist die Kontur verloren gegangen, die Erkenntlichkeit, das Profil. Wir schrumpfen uns blass und glatt.

Schrumpfen, weil derzeit alles schrumpft, das ist einfach dumm.
Glatt werden, weil alles Wichtige derzeit sich wie ein Stück nasser Seife anbietet, das ist nicht weniger dumm.
Wir brauchen Typen.
Wir brauchen Profile.
Wir brauchen erkennbare Menschen.
Wir brauchen Bischöfe, die mit den Hilfsarbeitern morgens um halb neun Leberwurst essen, die anstelle der Sekretärinnen den Hörer abnehmen, und abends nicht die Industrie am Kaminfeuer haben, sondern die Hemdsärmligen und Betriebsräte.

Wir brauchen Pfarrerinnen und Pfarrer anstelle von Anrufbeantwortern.
Menschen anstelle von Terminen.
Hoffnung anstelle von Broschüren.
Gebete anstelle von Rechthaberei.

Vielleicht kann ich auch so sagen:

Wer sich nicht mit aller Kraft anstrengt, das Unmögliche zu erreichen, bleibt hinter dem zurück, was ihm möglich wäre. Christen müssen übers Ziel hinausschießen. Christen strecken sich nach Gott aus und erreichen dabei vielleicht endlich Menschen.

Für Rechnerinnen und Rechner:

Fürchte dich nicht, du kleine Herde! (Lukas 12,32)

Zur Heilung stolpern

»Er lässt sich einfach nicht helfen!« Das ist nicht der Stoßseufzer einer frustrierten Pfarrerin über einen »Durchwanderer«, der zum wiederholten Mal alkoholisiert an der Pfarramtstür klingelt. Das ist die Erfahrung von Eltern mit pubertierenden Kindern, von Ehefrauen mit workaholisierten Ehemännern, von Lehrern mit unmotivierten Schülern, von Kranken ohne echten Heilungswunsch. Routiniert beschreiben sie ihre »Krankengeschichte« oder »Kränkungsgeschichte«. Menschen, in hohem Maße kundig ihrer Krankheit (inkl. lateinischer Nomenklatur), sogar bereit zur Therapie (Gang zum Therapeuten), das Umfeld stimmt (Familie unterstützt, Freundeskreis stigmatisiert nicht), die dennoch »ihrer Heilung aus dem Weg gehen«.
Die Zahl der »Austherapierten« nimmt zu.

Es ist ein eigenartiges Hinaufsteigen zum jüdischen Tempel damals. Man hat die Stufen ausgegraben. Der Gang zum Tempel ist schon Vorwegnahme dessen, was dann dort weiter geschieht. Man hat rhythmisch gegliederte Stufen ausgegraben: Eine lang, zwei kurz, eine lang, zwei kurz. Beim Gang hinauf zum Tempel kommt man ins Stolpern, wenn man rennt. Geht man den Gang bewusst, dann hält man inne, lauscht, schaut, hört auf das Pochen des Herzens, kommt durcheinander, erkennt Nebensächliches, bleibt sogar stehen.
Dort, wo Menschen Gott begegnen und denen, die Gott »besuchen kommen«, hält ein Kranker inne. Der Weg »zu Gott« wird erzwungenermaßen bewusst. Niemand rennt in den Tempel. Der Alltagstrott kommt schon auf den Stufen zum Tempel durcheinander. Mit meinem üblichen Tempo komme ich ins Stolpern. Ob ich will oder nicht, ich muss bewusst gehen. Eine lang – zwei kurz – eine lang – zwei kurz. Einübung ins Heilwerden.

Und hier auf den Stufen des Tempels liegen die Armen, die mit offenen Geschwüren und verklebten Augen. Die mit lahmen Beinen und zerschlagenen Träumen von Gesundheit und normalem Leben. Nein, sie können nicht mit hinein. Mal tagelang schweigend, mal in ihrer Not schreiend, aber immer bettelnd liegen sie da, werden von ihren Verwandten gebracht, die sie durchfüttern müssen und für jeden Groschen dankbar sind, die der Krüppel mit nach Hause bringt, der sonst nicht zum Leben taugt. Hier werden sie abgesetzt, und keiner werfe das den Familien vor, die in diesen harten Jahren unter der Steuerknute Roms, unter der politischen und wirtschaftlichen Ohnmacht eines wie lange schon besetzten Landes leiden. Verarmung ist an der Tagesordnung und wird nicht aufgefangen durch ein soziales Netz.

Und wer da hochgeht zum Tempel, am Nachmittag zur jüdischen Gebetszeit – eine lange Stufe, zwei kurze, eine lange Stufe, zwei kurze – , der muss an ihnen vorbei. Muss sich ihren Blicken aussetzen, hört ihr Gejammer, riecht ihre Krankheit, muss ihre ausgestreckte Hand umgehen.

Wir trainieren den Blick, der durch andere hindurchsieht. Wenn ich ihnen in die Augen schaue, wenn mein Herz sich öffnet, dann springt mich ihr Leid an wie ein Tier und verfolgt mich bis in die Träume.

Deshalb bleibt unsere Art Begegnung mit Elenden und Kranken eine im Grund meist unbeteiligte Begegnung. Begegnung auf Zeit, auf Distanz. Zwischen uns steht unsere Hilflosigkeit, unsere mangelnde Zeit, Angst um die eigene Gesundheit, Angst, mit hineingezogen zu werden. Da bin ich mit meiner Präsentation am Ende. Hier auf der obersten Stufe dieser eigenartigen Treppe kommt es zu einer Begegnung der anderen Art. Ein etwa 40-jähriger Gelähmter liegt vor der Tempeltür, wartet auf Almosen, auf Geldgaben. Die Seinen haben ihn hier zum Betteln abgesetzt. Bringt uns das ins Stolpern?

Die Heilungschance: anhalten, ins Gesicht schauen, begegnen, aushalten.

Wann müssen wir – heilend – stolpern? Bei wem halten wir an? Um wen machen wir einen Bogen?

Vor Jahren habe ich geschrieben:
Ich klopfe
an die Tür des Weisen
am Abend.
Ich entschuldige mich für
die schmutzigen Schuhe.
Er hilft mir aus dem Mantel:
»Behalten Sie die Schuhe an.
Legen Sie Ihre Uhr ab.«[6]

Der Kranke ist unsere Chance. Die »Kranken« helfen uns, zu entdecken, was wir »haben«: Was ich habe, gebe ich dir.

Christinnen und Christen sind – das trauen uns die Menschen noch zu – im heilenden Inne- und Aushalten Geübte. Heilung macht aus kranken auf-ständische Menschen – und aus »vorübergehend Frommen« Heilerinnen und Heiler. Wenn sie zur rechten Zeit stehen bleiben, die Uhr ablegen, auf die Präsentation verzichten. Nur bleiben. Was wäre das für ein Segen in unseren Gemeinden, wenn wir uns nur gegenseitig aushalten würden, für einige ehrliche und tiefe Augenblicke. Ohne Blick auf die Uhr.

Für Menschen ohne Uhren:
Meine Zeit steht in deinen Händen. (Psalm 31,16)

... und in kürzeren Sätzen

»Wir leben länger,
aber ungenauer
und in kürzeren Sätzen.«[7]

Was die gefeierte, 2012 gestorbene polnische Lyrikerin Wislawa Szymborska schreibt, ist die Kurzfassung gegenwärtigen Lebens: Wir leben länger (die Kranken- und Pflegekassen brauchen mehr Geld, die Politik sorgt sich um die Alterspyramide), aber ungenauer (die Bildschirme werden immer größer und breiter, die Sichtfenster unserer Herzen immer kleiner; die Hektik baut Fehler ein, die Unterhaltung wird oberflächlicher – sowohl am Stammtisch wie über die Medien) und in kürzeren Sätzen (Ärzte, Schwestern und Pfleger haben pro Patient immer weniger Zeit; an der Kasse der großen Discounter steht man Schlange und murrt innerlich schon, wenn drei Mal hintereinander jemand mit Karte bezahlt, unterschreiben muss etc.; G8 raubt den Gymnasiastinnen und Gymnasiasten ein Lebensjahr).

Nichts anderes lese ich und höre ich in der Fachliteratur oder in den Verlautbarungen der meisten Rundfunksender: kein Wortbeitrag über drei, keine Predigt über zehn Minuten. Früher beschimpften die Belesenen und Gebildeten den Code der einfachen Menschen als »reduziert«. Heute sind sie selbst mehr und mehr gezwungen, in Kommandos anzuweisen, in Shortcuts zu schreiben und in Überschriften zu denken.

Ob sich das aufhalten lässt?
Ob nur noch in geschützten Räumen – früher scheint dies das »Herrenzimmer« gewesen zu sein oder gar das »Raucherzimmer« – eine so freie, spielerische, offene Gesprächsatmosphäre herrscht?

Verblödete Unterhaltungssendungen dürfen »überziehen«, Kulturformate nicht.

Die Medien schauen auf die Quote, die Witwe in der Kirche auf die Uhr, der Patient steht unruhig auf und geht zur Rezeption, die Frau in der Schlange räuspert sich laut ... – wir drängen einander zu ungenauer Beobachtung oder Beachtung des Nächsten. Und wir sind – mit Blick auf die Uhr – kurz angebunden.

Dabei geht vieles verloren.
Erfahrungen werden nicht gemacht.
Warten wird nicht geübt.
Zuhören ist ätzend.
Bücher über Illustriertenmaß hinaus werden meist keine Bestseller.
Geduld ist kein Schatz, sondern eine Anmaßung.
Echte, lange Nähe geht auf den Geist.

Doch Jammern hilft nicht.
Ich meine, wir in der Kirche müssten (homiletisch, poimenisch und liturgisch) so viel gelernt haben oder zumindest lernen können, dass im Sonntagsgottesdienst wie bei Kasualien Menschen hineingenommen sind in das längere Reden, Hören und Schweigen, weil es um sie selbst geht.
Denn – das ist meine Erfahrung – wenn es um dich selbst geht, dann hast du plötzlich Zeit, lässt ausreden, willst ausreden können, machst Pausen und lange Sätze. Und wenn dein Gegenüber kompetent ist, dann leitet sie oder er dich auch zu einer heilenden Genauigkeit.

Mir sind manche in unserer Kirche zu schnell auf den Medienzug aufgesprungen.
Mir wäre der Qualitätszug wichtiger gewesen. Die Nachbarlichkeit. Das Zeitlassen zum Schweigen. Das Beieinanderbleiben.

Vielleicht sind wir neben den Konzerthäusern, Opern und Schauspielhäusern der letzte Ort, an dem man das Programm nicht wegklicken kann.

Für Menschen mit Sitzfleisch:

Und Jesus stieg aus und sah die große Menge; und sie jammerten ihn, denn sie waren wie Schafe, die keinen Hirten haben. Und er fing eine lange Predigt an. (Markus 6,34)

Gotteshaus

Als die achtjährige Tanja getauft war, bauten wir ihr ein Haus. Da standen sie alle nebeneinander: Carola und Sven, Benjamin und Heike, die Kleinen und die Größeren. Sie standen dicht an dicht, wie Mauersteine dicht an dicht gemauert sind. Sie hielten ihre Arme schräg nach vorne hoch und bildeten mit ihnen das Dach. Und dann zog Tanja ein in dieses Haus. Sven war die Tür. Er trat zu Seite und öffnete das Haus. Tanja, doch schon größer, als die Kleinsten mit ihren Händen reichten, musste sich bücken. Es war warm in diesem Haus und eng, denn an diesem Sonntagmorgen waren wir wenige. Und mit wenigen ein Haus zu bauen ist schwierig. Ich fragte Tanja, welche Rolle sie denn in diesem Haus spielen wolle. Sie zögerte, hielt den Finger überlegend an den Mund, sagte dann: »Ein Fenster«, schob sich zwischen Klaus und Martina und setzte sich in die Hocke. Nun hatte das Haus, das vorher nur aus geschlossenen Wänden bestanden hatte, ein Fenster, durch das alle nach draußen schauen konnten.

Ich liebe die großen Kathedralen, die dunklen, schweigenden Krypten, die Kreuzgänge und die Wendeltreppen der Türme. Ich suche die Mitte eines Raumes, setze mich und schweige. Zärtlich streichen die Hände über Quader und Rundpfeiler. Das ist Leben von meinem Leben, wir sind eins. Wohl dem, der eine Zuflucht hat, einen Ort, an dem Gott ihn birgt und der Finsternis wehrt.

Und doch, ich käme nie auf die Idee, die von mir geliebten alten, mächtigen Kirchen als »Gotteshäuser« zu bezeichnen. Das klingt, als ob Gott an diesem Ort sei und an einem anderen nicht. Dabei erzählt uns die Bibel in der Geschichte des Jesus von Nazareth, dass Gott »Fleisch wird«, in die Welt »eingeht«. Erzählt von den »lebendigen Steinen« seines Hauses.

Und nicht zuletzt führt Jesu Streit mit den Priestern des Tempels zu Prozess, Kreuzigung und Tod. Mir ist das Zelt als Bild für die Kirche lieber als der Tempel. Und wer nicht begriffen hat, dass ein glattgeschliffener Kiesel im Bergbach, der scheue Ast einer jungen Lärche, der nahe gelegene See, das Kinderbett im Asylantenwohnheim, die Werkbank und das Chemielabor, Kirche, Krankenhaus und Straße Orte sind, an denen Gott wohnt, der hat nichts begriffen von seiner Liebe, vom Glanz und der Weite seiner Herrlichkeit.

Für Menschen, unterwegs mit Wohnwagen:

Und als sie die Lade Gottes hineinbrachten, setzte man sie in das Zelt, das David für sie aufgerichtet hatte, und opferte Brandopfer und Dankopfer vor Gott. (1. Chronik 16,1)

Sie stand an meiner Tür

Sie stand an meiner Tür. Etwas gebrechlich, dem Alter geschuldet. Stützte sich – das weiß ich nicht mehr – vielleicht auf einen Stock. Jedenfalls hielt sie mir einige Geldscheine entgegen. Ich zögerte, dann erkannte ich sie.
»Ich wollte mich bei Ihnen bedanken. Sie haben mich geheilt.«

Zwei oder drei Wochen zuvor hatte ich sie auf Bitten der Familie besucht. Wir hatten Abendmahl gefeiert. Ich hatte sie gesegnet. Die Familie rechnete mit ihrem baldigen Sterben. Die Ärzte auch. So hatte sie damals im Bett gelegen. Jetzt stand sie vor meiner Tür.

Selten war ich so sprachlos.
Vielleicht hat sie mich geheilt.
Heilung stand nicht in meiner Agenda.
Erst recht nicht ein Gegenbesuch oder eine Spende.

Sie ist ein halbes Jahr später gestorben.
Ich habe sie nicht geheilt.
Wie könnte ich.
Ich vergesse sie aber nicht.
Seit Jahren besucht sie mich, schaut mir in die Augen, hat eine Spende in der Hand und sagt: »Sie haben mich geheilt.«

Mir ist das fremd.
Mir ist jede Magie fremd.
Ich bin kein Wunderheiler.
Und ich bin eher ein Skeptiker.

Sie kam nicht mit dem Auto.
Es waren gut 500 Meter vom Haus der Familie zum Pfarrhaus.

Ich habe sie nicht vergessen.
Sie stand an meiner Tür.

Für Menschen, die in ihrer Krankheit vertrauen:
Es heilte sie weder Kraut noch Pflaster, sondern dein Wort, Herr, das alles heilt.
(Weisheit 16,12)

Gefragt II

Der Mann aus N.
wurde von einem gefragt,
links oder rechts des Weges,
das spielt keine Rolle,
woher er komme.

»Warum«,
entgegnete der Mann aus N.,
»warum fragst du mich nicht,
wohin ich gehe?«

Für Wegweiser:
Der Wind bläst, wo er will, und du hörst sein Sausen wohl; aber du weißt nicht,
woher er kommt und wohin er fährt. (Johannes 3,8)

Bruder Gott und die Demut

Bei den vielen Begegnungen mit Menschen außerhalb unseres Kulturkreises habe ich »Demut« – ein großes Wort – gelernt. Früh schon war mir wichtig, zu erfahren, worüber dort Menschen froh sind, was sie stolz macht, welche Träume sie für ihre Kinder und Enkel haben, welche Sorgen sie nachts nicht schlafen lassen, worüber sie lachen und worüber sie weinen. Das hat meine scheinbare Überlegenheit entschleunigt: Geh runter vom Podest, sieh mit den Augen derer, die du eben fotografiert hast.

Du hast eine zahnlose Frau gefilmt, aber kein Wort mit ihr gesprochen.

Welche Gebete betet sie, wenn sie betet?

Was singt das Mädchen, wenn es Reis pflanzt?

Mit welchen Bildern beschreibt der Junge, der auf dem Rücken eines alten Esels sitzt und einen Karren Mais – wohin? – bringt, seine Zukunft?

Und was denkt der Familienvater, der dich auf dem Weg zu kulturellen Schätzen seines Landes mit einer Kalaschnikow schützend begleitet, über diesen Fremden aus Deutschland?

Ich habe gelernt, meine Ungeduld einzuordnen.

Ich bin sie nicht losgeworden.

Aber die Begegnungen haben mich zurückhaltender gemacht.

Es gibt nicht die schnelle Lösung.

Ich habe nicht Recht.

Nein, ich will auch nicht Recht haben.

Ich muss auch nicht Recht haben.

Recht haben ist keine Kompetenz eines Menschen, der professionell andere ein Stück Wegs begleitet auf deren Heimweg

Natürlich bin ich nicht »nach allen Seiten offen«. Ich bin ge-

prägt, ich stelle Fragen, ich tausche mich aus – auf Augenhöhe. Und in allem Ernst »demütig« und im Tiefsten »dankbar«.
Sie kennen meine Gebete nicht.
Sie kennen den Jesus nicht.
Sie kennen erst recht nicht unser Credo.
Und?

Da sagt mir einer: Nein, ich brauche sonntagsmorgens den Gottesdienst in der Kirche nicht. Ich gehe in den Wald – und dort begegne ich meinem Gott.
Jetzt kann ich anfangen zu streiten und Recht haben zu wollen. Ich kenne gute Gründe, die dagegen sprechen.
Aber nein, so eben nicht.
Ich werde einen Sonntagmorgen finden, an dem ich nicht Gottesdienst zu halten habe, und werde mich mit ihm verabreden. Ich werde ihm sagen: Ich möchte erfahren, was du erfährst, wenn du dort im Wald Gott begegnest.
Eines Tages gelingt es: Ich gehe mit ihm in den Wald. So wie ich mit dem Muslim in seine Moschee gehe und mit dem Buddhisten zum Anbrennen seiner Räucherstäbchen vor seinen farbenfrohen Tempel. Was soll mich daran hindern? Und danach reden wir und tauschen uns aus.

Ich mache mich mit ihm auf den Weg.
Das erfordert eine ganz andere Kirche als bisher.
Kirche ist nicht mehr das »Ziel«. Kirche ist der »Weg«.

Jörg Zink hat Jesus seinen »Wegbruder« genannt. Ich nenne ihn gerne »Bruder Gott«.

Bruder Gott sagt:
Selig der eine und die andere,
die gegen den Strom geschwommen sind.
Selig der eine und die andere,
die sich müde geschwommen haben.

Selig der eine und die andere,
die mir ihr Leid geklagt haben.
Selig der eine und die andere,
denen nicht gelungen ist,
was sie sich vorgenommen haben.
Selig der eine und die andere,
die am eigenen Anspruch scheiterten,
Selig seid ihr,
hungrig auf Gerechtigkeit.
Selig seid ihr,
verfolgt von Gewissensbissen.
Selig seid ihr,
die ihr verbohrt seid in falsche Gedanken,
die ihr klebt an euren Träumen.
Selig seid ihr,
die ihr fragt
und keine Antwort findet.
Selig seid ihr,
die ihr zweifelt
und noch einmal zweifelt.
Selig seid ihr,
dir ihr –
den Kindern gleich –
vertraut und noch einmal vertraut.
Selig seid ihr,
die ihr erschrocken seid.
Denn ihr versteht,
was es wirklich heißt,
wenn ich sage:
Alles wird gut.
Sagt Bruder Gott.

Für Ungeduldige:
Selig sind, die da geistlich arm sind; denn ihrer ist das Himmelreich. (Matthäus 5,1)

Nur ein Wort

Ein Offizier der Besatzungsmacht begegnet unterwegs dem Wanderrabbi aus Nazareth. In der Nähe, auf einem Feldbett, liegt ein sterbenskranker Soldat. »Sprich nur ein Wort«, sagt der Offizier, geh nicht weg von deinem Weg, ein Wort von dir reicht und mein Soldat wird gesund.

Einige Szenen zum Verstehen dieser Provokation:
Erste Szene: Der Anwalt gibt mir beim Betreten des Gerichtsgebäudes eine letzte Instruktion. Ich kenne mich mit solchen Verfahren nicht aus. Ich bin zum ersten Mal in dieser Situation. Es geht um eine fristlose Kündigung. Ich bin geladen. Unser Anwalt begleitet mich. »Sagen Sie kein Wort«, rät er mir. »Bitte, ich kenne Sie, wenn Sie wieder einen Ihrer ›Wahrheitsanfälle‹ kriegen, dann bringen Sie hier alles durcheinander.« – »Ich dachte«, sage ich, »es ginge hier um die Wahrheit.« – »Nein«, sagt er, »es geht um Recht und Gesetz. Da kenne ich mich besser aus als Sie. Bitte also, kein Wort. Nur zur Person. Zur Sache rede nur ich. Versprochen?«

Zweite Szene: An der Tür begrüßt mich die Frau und sagt: »Sie wissen ja, er liegt schwer da. Aber er weiß nicht, wie schlecht es ihm geht.« Und später am Bett des Kranken, vor dem Abschied, sagt dieser: »Aber bitte, Herr Pfarrer, Sie wissen ja jetzt, wie es um mich steht. Sagen Sie meiner Frau nichts davon. Sie ahnt nichts. Das würde sie umbringen. Lassen Sie sich nichts anmerken.«
Über vierzig Jahre Ehe, und einer schont den anderen, keiner sagt aus Sorge um den anderen das befreiende Wort!

Dritte Szene: Nun gestellt. Es könnte ja so kommen. Hoffentlich nicht.

Der Arzt sagt zu mir:»Kurz dürfen Sie noch rein zu ihr. Sie wissen, es sind die letzten Stunden. Es gibt keine Hoffnung mehr. Wir lassen Sie kurz allein. Auf ein Wort.« Die Tür schließt sich hinter mir. Leise. 30 Jahre Ehe, die Kinder, all die Umbrüche, Aufbrüche, Wege, Umwege. Vielleicht gibt es doch noch ...? Mir rasen Gedanken durch den Kopf. Letzte Worte, letzte Gesten. Trösten, ermutigen, beten, küssen, um Verzeihung bitten, segnen ...? Mein Gott, was bleibt? Was soll ich sagen? Schreien? Beten? Türen einschlagen? Auf die Knie gehen?

Vierte Szene:»Noch ein Wort«, sagt sie und hebt die Hand, »noch ein Wort, und du kriegst eine Ohrfeige.« Alles war eskaliert. Sie hatte die Pornohefte unterm Bett des 13-Jährigen gefunden.
Er:»Das macht doch jeder heute. Ist doch ganz normal.«
Sie:»Das interessiert mich überhaupt nicht. Hier bei uns gibt es das nicht.«
Er:»Dann schau doch mal auf die Internetseiten, die unser Reli-Lehrer anklickt.«
Und sie:»Jetzt reicht's. Noch ein Wort, und ...«

Letzte Szene: Da war ein Soldat. Mittlere Laufbahn. Im Krieg in Russland irgendwie Offizier geworden. Verantwortlich für 100 junge Männer.»Nun bring die Kinder mal schön an den Feind, aber behutsam, dass ihnen nichts passiert.«
Bevor ein Vorrücken denkbar war, hatten sie die russischen Granaten eingedeckt. Dann Ruhe. Bis auf einen Schrei:»Hilfe! Helft mir!«, schrie da eine Stimme.
Er war Soldat. Mittlere Laufbahn. Aber nicht ohne Mut. Frau zu Hause, drei Kinder zu Hause. Wer weiß. Und dann dieser Pope. Er stolpert ihm mitten im Niemandsland über den Weg. Der Pope ist dabei, russische Soldaten zu segnen. Sterbende russische Soldaten.
»Bitte«, sagt er. Nur ein Wort:»Bitte.« Und zeigt auf den Jungen, der da liegt und stirbt.»Bitte!« Und der Pope nimmt die

Mütze ab. Der deutsche Offizier nimmt die Mütze ab. Der Pope schlägt das Kreuz. Murmelt Worte. Der Deutsche findet zu einem Vater unser. »Nix sagen«, sagt der Russe. »Nix sagen«, sagt der Deutsche.

»Sprich nur ein Wort, so wird meine Seele gesund.« Kaum ein anderer Teil der katholischen Messliturgie beeindruckt mich so wie dieser Satz: »Sprich nur ein Wort, so wird meine Seele gesund.« Meine Spiritualität wäre Selbstbetrug, mein Gebet Selbstgespräch, müsste ich mir selbst zuhören.

Der römische Offizier kennt seine Grenzen. Er ist kein Christ, kein Jünger, kein Apostel. Aus der Erkenntnis in die eigenen Grenzen, innerhalb derer er »das Sagen hat«, wächst Vertrauen in den einen, dem er abspürt, dass hier, wo seine Befehlsgewalt versagt, das Wort dieses Heilers gilt. Es geht eigentlich nicht um eine Heilung, es geht um den Glauben, um Vertrauen.

So wie ich mich in die Bitte aus der katholischen Messliturgie gläubig »hineinfallen lasse«, im Vertrauen, dass die Antwort Gottes nicht katholisch und nicht evangelisch ist, nicht exklusiv ist, aber konkret, so möchte ich auch den Christinnen und Christen anderer Konfessionen und all denen begegnen, die in anderen Religionen Gott fürchten und das Rechte tun. So geschieht den getrennten Konfessionen und Religionen vielleicht doch eher Heilung durch gemeinsames Schweigen und Beten als durch viele Worte.

Für Hörende:
Ja, ein Wort ist oft wichtiger als eine große Gabe, und ein freundlicher Mensch gibt sie beide. (Sirach 18,17)

Der Tag, an dem die Fernseher Füße bekamen und das Laufen lernten

Es fing schon morgens damit an, dass die Sonne nicht aufstehen wollte.

»Nein«, sagte sie, »jeden Morgen dasselbe. Ich habe auch das Recht auf einen freien Tag in der Woche.« Sprach's, drehte sich in ihrem Bett hinter dem Berg auf die andere Seite und schlief weiter.

Da sagte der Hahn: »Wenn die Sonne keine Lust hat zu scheinen, dann habe ich auch keine Lust zu krähen.«

Und weil der Hahn nicht krähte, wachte der Bäcker nicht auf.

Und weil der Bäcker keine Brötchen backte, hatte der Busfahrer eine furchtbare Laune und verstauchte sich den Fuß beim Bremsen. Deshalb musste die Lehrerin zur Schule laufen und schwitzte fürchterlich. Aber in der Schule waren gar keine Kinder, denn die Mütter hatten verschlafen, die Väter hatten sich beim Rasieren geschnitten oder beim Eierkochen die Finger verbrannt. Der Direktor war bei der Suche nach dem Lichtschalter auf dem Teppich im Schlafzimmer ausgerutscht und auf den Po gefallen. Und so ging es den ganzen Tag weiter.

Der Polizist hatte die Brille vergessen und versuchte nun auf einer Wäscheklammer zu pfeifen. Jede halbe Stunde läuteten die Glocken wie zum Gottesdienst, weil der Küster die Schalter verwechselt hatte. Dabei gab es einen Kurzschluss in der Kirche. Dem Elektriker aber, der nur altes, hartes Brot zum Frühstück bekommen hatte, brach ein Zahn ab, und nun saß er den ganzen Tag beim Zahnarzt. Der wieder konnte nicht bohren, weil der Strom ausgefallen war, nachdem der Busfahrer mit dem verstauchten Fuß einen Verteilerkasten des Elektrizitätswerks umgefahren hatte.

Das war auch der Tag, an dem alle Fernseher Füße bekamen und das Laufen lernten und aus der Stadt verschwanden auf Nimmerwiedersehen.

Und abends, als der Mond aufging und die ganze Bescherung sah, lachte er still vor sich hin, um die Sonne ja nicht zu wecken. Er legte sich gemütlich auf eine Wolke und genoss es, dass alle Leute sagten: Gott sei Dank, wenigstens auf den Mond ist Verlass.

Irgendwie muss das die Sonne gehört haben, denn am nächsten Morgen stand sie pünktlich auf, wie es sich gehört.

Nur die Fernseher, die alle Füße bekommen und das Laufen gelernt hatten, die blieben für immer verschwunden.

Für Fernbedienungen und ihre Bediener:

Siehe, ich habe dir heute vorgelegt das Leben und das Gute, den Tod und das Böse.
(5. Mose 30,15)

Wes Geistes Kind

Sie sagen: »Er vertreibt Dämonen mit Hilfe des Obersten der Dämonen.« (Lukas 11,14) Jesus kontert die Anschuldigung: Jedes Reich, sagt Jesus, das in sich uneins ist, geht zugrunde. Wenn Uneinigkeit herrscht, wenn nicht mehr miteinander gearbeitet wird, wenn einer Vorteile auf Kosten des anderen sucht und wenn der eine genüsslich die Fehler des anderen feiert – dann beginnt die Mauer zu bröckeln, die eine Ehe, einen Betrieb, ein Gemeinwesen schützend umgibt. Jedes Reich, sagt Jesus, das in sich uneins ist, geht zugrunde.

Wo immer Gott auf Menschen trifft, wo immer Menschen Gottes Boten ins Angesicht schauen, wann immer in der Bibel ein Mensch vom Ruf Gottes erschüttert wird, lesen und hören wir: »Fürchte dich nicht!« Gott spürt, die Angst des Menschen ist der Grund für all das Schlimme, das er anrichtet: Er hat Angst, zu kurz zu kommen; hat Angst, einer Aufgabe nicht gewachsen zu sein; hat Angst, zu versagen; hat Angst, nicht mehr geliebt zu werden; hat Angst, es kommt etwas von seiner Schwäche ans Licht. Der Mensch in Angst hört: »Fürchte dich nicht!« Und er hört ein Zweites, wenn er Gott begegnet: »Ich bin mit dir.«

Gott ist ein »Fürchte-dich-nicht-Gott«, ein »Ich-bin-mit-dir-Gott«, ein »Heiland« – sagten unsere Mütter und Väter und übersetzten damit das Wort »Messias«. Deshalb heilt Jesus Menschen, die nicht aufrecht gehen können, die gekrümmte Frau oder den Lahmen. Deshalb heilt Jesus Menschen, die geblendet sind und kein gesundes Auge mehr haben für diese kranke Welt. Deshalb heilt Jesus den Stummen, dem der Mund verboten ist.

Gott könnte dreinschlagen lassen, wie ein zürnender Richter die ganze Gewalt des Strafvollzugs auf den niedergehen lässt, der die Grundlagen eines Gemeinwesens zerstört. Viele glauben, Gott sei ein solcher Gott, der die abgefallenen Menschen verfolgt, der böse Taten rächt, die Menschen mit Krankheit schlägt und Böses mit Bösem vertreibt. Und wir sprechen es ja auch immer wieder in unserem Glaubensbekenntnis, dass Jesus kommt,»zu richten die Lebenden und die Toten«. Ich glaube nach allem, was die Bibel über Jesus Christus erzählt, dass wir unseren Glauben besser bekennen in dem Satz:»... aufzurichten die Lebenden und die Toten«.

Gottes Gericht, das in Jesus Christus zu uns kommt, ist ein heilendes Gericht, richtet Gebeugtes auf, biegt Krummes zurecht. Wer aus diesem heilenden, liebenden, aufrichtenden Gott einen Rächer macht, der die Menschen zum Schweigen bringt oder beugt, der unterliegt eben dem Fehler, dem auch die Gegner Jesu unterliegen: Sie verwechseln Gott mit dem Teufel und den Teufel mit Gott.

Satan, Luzifer, Beelzebub oder wie immer wir das Böse nennen, fürchtet um sein exklusives Heil und schlägt den Menschen mit Stummheit. Gott teilt sein Heil und schlägt sich selbst damit und traut den Menschen zu, Gutes und Böses »zurecht zu bringen«.

Gott geht das Risiko ein, zu einem Partner zu halten, der ihn zigmal betrogen hat. Er teilt nicht – wie im Märchen – die Guten und die Bösen, die Tauglichen und die Untauglichen. Er jagt und vertilgt nicht die Verirrten. Er will kein exklusives Heil, sein Weg ist – im Fremdwort – »inklusiv«. Sein Heil schließt ein, nicht aus. Ein Reich, auf dem Tod der inneren Gegner aufgebaut, ist es gerade nicht, was Jesus Christus aufrichten will. Sein Reich lebt vom »Aufrichten« der Lebenden und Toten, vom Wort der Verstummten, vom Schritt der Lahmen und von der Sanftmut der Herrschenden (Matth 5,5). Christus kommt, Lebende und Tote zu »heilen«.

Für Menschen, die sich an alten Bekenntnissen orientieren:

Er ist offenbart im Fleisch, gerechtfertigt im Geist, erschienen den Engeln, gepredigt den Heiden, geglaubt in der Welt, aufgenommen in die Herrlichkeit. (1. Timotheus 3,16)

Schmetterling

Es war einmal ein kleiner Junge. Der wohnte in einem großen Haus in der Stadt. Bäume und Wiesen gab es dort kaum. Und deshalb flogen auch nur selten Vögel am Himmel oder Schmetterlinge vor dem Fenster. Der kleine Junge aber liebte Schmetterlinge über alles.

Jeden Abend, wenn er ins Bett ging, lag er noch lange wach und schaute zum Fenster hinaus. Der kleine Junge wollte und wollte nicht einschlafen.

Eines Abends kam ein Schmetterling geflogen, setzte sich aufs Fensterbrett und wärmte seine Flügel in der Abendsonne.

»O Schmetterling, komm herein zu mir, du bist der schönste und liebste Schmetterling auf der ganzen Welt.«

Der Schmetterling blinkelte und blinzelte, er flügelte und flatterte, und dann schwebte er federleicht ins Zimmer und setzte sich genau auf das linke Auge des kleinen Jungen.

Der hatte schnell die Augen geschlossen und wagte nun kaum noch zu atmen. Es war alles so wunderschön. Ein Schmetterling in seinem Zimmer, ganz nah bei ihm. Anfangs kitzelte es ein wenig, aber daran gewöhnte er sich. Ganz leise war er, um ihn ja nicht zu erschrecken. Und die Augen, die er nicht öffnen konnte, wurden immer schwerer. Der Schmetterling ruhte sich aus und putzte sich, da war der kleine Junge schon lange eingeschlafen.

Für Menschen in schlanker Schwebe:
Nähme ich Flügel der Morgenröte und bliebe am äußersten Meer, so würde auch dort deine Hand mich führen und deine Rechte mich halten. (Psalm 139,9.10)

Ein Neuer ist gekommen

Heute ist ein Neuer gekommen. Keiner hat ihn gekannt. In unserer Gruppe im Kindergarten sind wir viele, so viele, dass ich die Namen nicht einmal alle kenne.
Aber heute ist ein Neuer gekommen. Er sieht ganz anders aus als wir. Er hat ein dunkles Gesicht, dunkler noch als Papa, wenn er sich im Sommer sonnt. Er hat schwarze Augen, schwärzer als eine Gewitterwolke und mindestens genauso schwarz wie die Pizza, die Christoph, mein großer Bruder, zu lange im Backofen gelassen hat. Damals war überhaupt alles schwarz, und die Nachbarn haben schon die Feuerwehr alarmiert, und aus allen Fenstern hat es geraucht. Aber das ist eine andere Geschichte.

Heute ist ein Neuer gekommen. Er hat ein dunkles Gesicht und ganz schwarze Augen. Ich verstehe ihn nicht. Aber er hat mich angelacht.
Und hat mir den Apfel aufgehoben, der mir beim Frühstück hinuntergefallen und unter den Tisch gekullert war.

Ich habe einen Freund. Er ist neu in unserer Gruppe. Er hat schwarze Augen. Und ich verstehe ihn nicht. Ich weiß nicht, wie er heißt. Aber er ist lieb. Und morgen male ich ihm ein Bild. Bestimmt freut er sich. Und dann lade ich ihn zum Spielen ein. Ich erkläre ihm, dass »Puppe« »Puppe« heißt und »Bett« »Bett«, dass ich zwei große Brüder habe, und dass ich ihn mag.

Wir haben einen Neuen in der Gruppe. Irgendwie mag ich ihn. Er hat schwarze Augen und lacht, wenn er dir etwas gibt. Ich weiß noch nicht, wie er heißt. Aber das geht vorbei. Und dann essen wir ein Eis. Das mag jeder, egal, wie er heißt und woher er kommt.

Vielleicht ist sein Papa Häuptling oder hat eine Schatzkiste. Und seine Mama kocht am liebsten Knallerbsen. Piff und paff macht es dann in der Küche. Ach ist das aufregend. Ich habe einen neuen Freund, weißt du. Und morgen frage ich ihn einfach, wie er heißt.

Für Zurückhaltende:

Ich bin hungrig gewesen und ihr habt mir zu essen gegeben. Ich bin durstig gewesen und ihr habt mir zu trinken gegeben. Ich bin ein Fremder gewesen und ihr habt mich aufgenommen. (Matthäus 25,35)

Geleitflug ins Leben

Hoch auf den dreihundert Meter hohen Klippen vor Grönland wartet sie mit Tausenden anderer Jungvögel darauf, dass die Eltern Nahrung bringen. Sie ist eine Lumme. Lummen sind Meeresvögel. Sie nisten in Kolonien auf nordatlantischen Inseln, an den Küsten Grönlands und Alaskas. Die Nistplätze liegen auf zerfurchten Felsen, die senkrecht nach unten abfallen.

Es gibt dort nur für etwa zwei Monate zu essen. Dann friert das Meer zu, und die Vögel kommen nicht mehr an die Fische. Die Lummen müssen rechtzeitig wieder nach Süden kommen, um zu überleben. Aber die Jungen können bis dahin noch nicht fliegen.

Eines Tages macht sich die junge Lumme zusammen mit dem Vater trotzdem auf den Weg. Wie Pinguine watscheln sie vom Nistplatz durch die ganze Lummenkolonie, durch Schnabelhiebe und Geschrei der anderen hindurch, bis ganz vorn an die Klippe.

Unter ihr ein Brausen, Spritzen, Tosen, Rollen und Donnern aus der Tiefe. Nach einigem Zögern lässt sie sich einfach nach unten fallen, Flügel halb angelegt. Kein Flügelschlag. Sie fällt fast wie ein Stein.

Kaum hat sich die junge Lumme in die Tiefe gestürzt, stürzt der Vater hinterher. Er ist schwerer, schneller, kann mit seinen schmalen Flügeln, die er wie Ruder verwendet, ausgezeichnet lenken und fliegt die dreihundert Meter fast senkrecht ins Meer hinab – mal über, mal unter, mal neben ihr. Ein richtiger Geleitflug.

Sie ist nie allein, hat auf diesem Wahnsinnsflug in die Tiefe den Vater immer dicht dabei. Unten platscht sie ins Wasser, taucht kurz und schwimmt dann an die Wasseroberfläche.

Und lebt. Wird zusammen mit den Eltern und den anderen Vögeln aus der Kolonie in wärmere Gegenden schwimmen, dort das Fliegen lernen und erwachsen werden.

Für Eltern:

Und als sie ihn sahen, entsetzten sie sich. Und seine Mutter sprach zu ihm: Mein Sohn, warum hast du uns das getan? Siehe, dein Vater und ich haben dich mit Schmerzen gesucht. (Lukas 2,48)

Es war an einem Mittwoch

Es ist Jahre her.

Es war an einem Mittwoch.

Da legte ich mich müde nach einer 90-km-Radtour in den Schatten eines Baumes am Eingang des Schlossparks in Weikersheim.

Müde beobachtete ich zwei einfache Alte. Wahrscheinlich Mann und Frau. Vielleicht Spätaussiedler. Um die 80.

Beide hatten Schuhe und Socken ausgezogen, auf eine Bank gelegt und gingen mit sachten, vorsichtigen Schritten, wohlig gespreizten Zehen und strahlenden Gesichtern durch den von der Abendsonne aufgewärmten Sand eines Kinderspielplatzes.

Sie drehten still, ohne ein Wort, fast meditierend im warmen, feinen Sand ihre Runden, 20, 25 Minuten vielleicht.

Dann gingen sie schließlich zurück zur Bank.

Die Frau zog ihrem Mann Strümpfe und Schuhe an.

Ein Bild zärtlicher Liebe im Alter.

Ein Bild des reinen Glücks.

Für eine halbe Stunde waren da zwei sorglose alte Menschen und hatten auf einfachste Weise Freude am Leben.

Für Menschen über 70:

Von Eisen und Erz sei der Riegel deiner Tore; dein Alter sei wie deine Jugend! (5. Mose 33,25)

Es ist aber in Jerusalem
beim Schaftor ein Teich,
der heißt auf Hebräisch Bethesda.
Dort sind fünf Hallen;
in denen lagen viele Kranke, Blinde, Lahme,
Ausgezehrte.
Es war aber dort ein Mensch,
der lag achtunddreißig Jahre krank.
Als Jesus den liegen sah
und vernahm,
dass er schon so lange gelegen hatte,
spricht er zu ihm:
Willst du gesund werden?

Johannes 5,2

Mensch Kain, warum?

Kain erschlug Abel.
Mose erschlug den Ägypter.
Amalek schlug Israel.
Israel schlug die Philister.
Assyrien eroberte Israel.
Assyrien eroberte Ägypten.
Babylonien eroberte Assyrien.
Persien eroberte Babylonien.
Griechenland eroberte Persien.
Rom eroberte Griechenland.
Rom beendete die jüdische Geschichte.

Die Hunnen schlugen.
Die Goten schlugen.
Die Franken schlugen.
Die Deutschen schlugen.
Die Schweden schlugen.
Das Königreich schlug.
Das Kaiserreich schlug.
England, Spanien, Portugal schlugen.
Das nationalsozialistische Deutschland vernichtete.

Ich bin in Pforzheim in die Schule gegangen. Wir haben nach der Schule in Trümmern gespielt, uns in Bombentrichtern versteckt, Abenteuer gesucht.
Die zerstörte Schlosskirche, die Ruinen am Rand des Schulwegs, die Kellergewölbe und die Mauerreste waren unser Versteck. Gelegentlich fanden wir Scherben von Tassen und Krügen, den Rest eines Stuhles, einmal fand ich ein Döschen mit bunten Glassteinen.
Im Februar 1945 hatte ein alliierter Bombenangriff auf die

Gold- und Schmuckstadt innerhalb von 15 Minuten die ganze Stadt zerstört. Ein Drittel der Bevölkerung war tot. 20.000 Menschen nach 15 Minuten militärischer Präzisionsarbeit. Das Dorf vor der Stadt, in dem wir wohnten, blieb von Bomben verschont. Das Zentrum brannte, sichtbar auf zig Kilometer, roter Himmel, kaum Geräusche zu hören. Keine Fernsehbilder. Die Leute standen auf der Straße und schauten, erst laut rufend, dann immer leiser. Eltern brachten die Kinder ins Haus.

Die Nachrichten heute wechseln von einem Kriegsschauplatz zum anderen.

Wir exportieren Waffen und erhalten damit unsere Arbeitsplätze.

Wir müssten gelernt haben:»Krieg darf nicht sein.«

Wie soll ich den Jugendlichen sagen, dass die Einspielung aus dem jeweiligen Hauptquartier der militärischen Drohnen kein Videospiel ist?

Wie übersetze ich Begriffe wie»Kollateralschaden«,»strategische Ziele«,»militärische Operation« oder»Ausschaltung von Kommunikationszentren« in die Sprache unserer Kinder und Enkel?

Christen sagen: Hört endlich auf, mit Krieg zu drohen oder»Krieg zu machen«. Wir wissen, was das bedeutet. Wir achten muslimische und christliche Traditionen. Wir achten das Leben von Irakern nicht weniger als das Leben von Saudis oder Kopten. Wir sagen allen, die ein Gewehr, eine Bombe in der Hand oder schlicht die Rache in ihren Augen haben: Hört auf! Fragt nach dem Leben! Scheut euch vor dem Erfolg!

Christa Wolfs Kassandra[8] sagt:»Wenn ihr aufhörn könnt zu siegen, wird diese eure Stadt bestehn.«

Für Soldaten:

Sodann ließen sie sich nicht daran genügen, dass sie in der Erkenntnis Gottes irrten, sondern, obwohl sie in ihrer Unwissenheit wie im Kriege lebten, nannten sie das auch noch Frieden. (Weisheit 14,22)

Herz an Herz

Wo immer du lebst,
in der Nähe steht eine Kirche.
Die Konfession ist nicht wichtig.
Die Ausstattung, der Altar
und die Größe sind nicht wichtig.

Wichtig allein ist,
ob du dort einen Raum findest
gegen Gleichgültigkeit
für Zärtlichkeit,
gegen Elend
für Heimat,
gegen Fassade
für Tiefe.

Wichtig ist,
dass du dort
Gott und Menschen,
Menschen und Gott,
nahe bist,
Herz an Herz.

Für Menschen, die Kirche (be)suchen:
Schaffe in mir, Gott, ein reines Herz, und gib mir einen neuen, beständigen Geist.
(Psalm 51,12)

Gefragt III

Der Mann aus N.
wurde von einem gefragt,
links oder rechts des Weges,
das spielt keine Rolle,
warum er schon gehe.

»Warum«,
entgegnete der Mann aus N.,
»warum fragst du mich nicht,
wo und wann ich bleibe?«

Für Menschen – unterwegs zur »heiligen Stadt«:

Wie lieblich sind auf den Bergen die Füße der Freudenboten, die da Frieden verkündigen, Gutes predigen, Heil verkündigen, die da sagen zu Zion: Dein Gott ist König!

(Jesaja 52,7)

Die Leichtigkeit des »nebenbei«

Sie sagt: »Mozart kann man so schön hören – nebenbei.«
Vielleicht ist es das »nebenbei«. Man kann den Menschen eine
Freude machen – nebenbei. Man kann sie besuchen – nebenbei. Man kann die Tageslosung lesen – nebenbei. Man kann
die Leichtigkeit, zu der uns der Sonntag einlädt, übersetzen in
den Alltag der Menschen – nebenbei.

Jesus war mit seinen Jüngern unterwegs. Am Sabbat. Es heißt,
die wahrscheinlich hungrigen Jünger »fingen an, während sie
gingen, Ähren auszuraufen«. (Markus 2,23) Und das am Sabbat. Geht nicht. »Während sie gingen«, en passant, unterwegs,
nebenbei, fast gedankenlos.

»En passant« – »nebenbei«.
»›Vergeben‹ heißt: etwas derart weggeben, nämlich in das
Vergangensein, dass es nicht mehr da ist ... ›vergeben‹ heißt ...
für nichtig erklären.«⁹
Sonntag heißt für Christen: die Vergebung feiern, so als ob
Gott die Sünde vergessen hätte, in das Vergangensein weggeben. Das scheint mir das eigentliche Geheimnis der Tatsache
zu sein, dass Jesus seine Jünger »ohne jede Habe« auf den Weg
schickt.
Weggegeben, alles weggegeben, und kein Händler oder Krämer wird sie wieder auftischen oder aufdecken! Gott sei Dank,
der uns den Sieg gegeben hat! Den Sonntag, den Sabbat, die
Feier, den Tanz, die Ruhe.
Ich meine, das müsste uns so erleichtern, dass wir den Belas-
teten aufspielen, eben mit der Mozartschen Leichtigkeit. So,
wie sie sagte: »Mozart, das kann man so schön hören – nebenbei.«

Doch die »unerhörte Leichtigkeit des Seins« (M. Kundera) lässt sich leichter predigen als leben. Warum fällt es uns so schwer, die »Leichtigkeit des Seins« christologisch zu »Gehör« zu bringen, nebenbei, eben sonntags, im »Gottesdienst«, en passant, begleitend, therapeutisch? Was, wenn an einem Sonntag alle Kirchenglocken läuteten und alle Menschen unter Freudentränen sich um den Hals fielen – Gott sei Dank! – ? Vereinsamte Priester würden von Kindern aus Kanzeln, Beichtstühlen und Kirchengemeinderatssitzungen befreit. Ein Aufatmen den Organisten, Konfirmanden, Protokollanten und Pfarrerskindern!

Für Menschen unterwegs:

Tragt keinen Geldbeutel bei euch, keine Tasche und keine Schuhe, und grüßt niemanden unterwegs. (Lukas 10,4)

Wir sind Bettler

Es war das Letzte, was er geschrieben hat. Auf einen Zettel schwach dahingeschriebene Gedanken. Was einer in der Todesstunde schreibt oder sagt, hat ein großes Gewicht. Er meinte – und keiner konnte mehr mit ihm darüber disputieren – er meinte: Wer Virgils Gedichte über den Ackerbau verstehen wolle, müsse erst 5 Jahre Bauer gewesen sein. Den Cicero könne man erst verstehen, wenn man 25 Jahre in der Verantwortung für ein Gemeinwesen gestanden habe. Und die Bibel hätte man erst dann genügend »verschmeckt«, wenn man 100 Jahre mit Aposteln und Propheten die Gemeinde regiert habe.[10] Diese 100 Jahre waren ihm nicht vergönnt. Und so schließt Martin Luther sein Leben ab mit den Worten: »Wir sind Bettler, das ist wahr.«

Bettler. Es gab eine Zeit, da hatten drei Schildertexte Hochkonjunktur. Das war, als es uns wieder besser ging, Mitte der 1950er-Jahre: Das waren die Aufschriften:
»Privatbesitz«,
»Vorsicht, bissiger Hund« und
»Betteln und Hausieren verboten«.

Betteln und Hausieren verboten. Man findet solche Schilder immer seltener. Aber es gibt sie noch.

Zu Luthers Zeiten war das eines der größten Probleme überhaupt: die rasch wachsende Zahl der Armen, die vielen Bettler und Randexistenzen. Und nach Beginn der Reformation wurde es noch schlimmer. Zu katholischen Zeiten hatte man ja noch ein gutes Werk getan und einen Pluspunkt im Himmel gesammelt, aber mit der Reformation war diese Motivation zur Armenhilfe mit einem Mal weg. Die Reformatoren haben größte Anstrengungen unternommen, um der schlimmsten Armut und Bettelei Herr zu werden. Die Gemeinden erhielten einen »gemeinen Kasten«, in den alle Begüterten einbezahlen mussten, um die Armen zu ernähren und zu kleiden.

Unverschämt betteln. Ist das ein Rat? So unverschämt wie möglich bei Gott betteln, in der Hoffnung, dass er sich letztlich nicht abweisen lässt, weil es ihm Freude macht, viel zu geben, viel mehr als verdient zu geben?

Jericho liegt 270 m über dem Meeresspiegel. 20 Prozent seiner Bewohner sind heute Flüchtlinge. Jericho liegt an einer alten römischen Heerstraße, die vom Flusstal hoch ins Mittelgebirge führt. Orangen, Bananen, Datteln werden angebaut. Heilquellen in der Nähe. Die älteste ausgegrabene Stadt der Welt. 9./8. Jahrtausend vor Christus. Ja, die Menschen gingen damals schon aufrecht. Kannten auch schon das Feuer. Um 7000 vor Christus hatte die Stadt schon zwei Meter dicke und sechs Meter hohe Mauern. Sie war deshalb berühmt. Winterquartier des Königs Herodes. Die Stadt, deren Mauern damals unter Josuas Trompeten fielen. Und damit begann der Einzug der Israeliten in dieses Land.

Jesu Einzug in Jerusalem beginnt damit, dass in Jericho wieder Mauern fallen, andere als damals.
Der Blinde und Zachäus, der Zöllner – für beide fallen Mauern, die sie von Gott und von den Menschen bisher getrennt haben. Jesus ruft den Zöllner auf Augenhöhe. Dann kehrt er bei ihm ein. Zum Entsetzen der Wegbegleiter und Schriftgelehrten.

Wir sind Bettler, sagt Luther, und wir bleiben es ein Leben lang. Auch wenn wir sehen lernen und Christus nachfolgen, wir bleiben Bettler. Sogar dann erst recht. So ähnlich wie das Vieh der Armen im Mittelalter leben wir von dem, was ein

anderer uns auf der »gemeinen Wiese«, der »Gemeinde« bereitet.
Wir weiden auf der gemeinen Wiese im Reich Gottes.
Kostenlos.
Jesus hat bezahlt.

Für Reisende:

Zachäus, steig eilend herunter; denn ich muss heute in deinem Haus einkehren. Und er stieg eilend herunter und nahm ihn auf mit Freuden. Als sie das sahen, murrten sie alle und sprachen: Bei einem Sünder ist er eingekehrt. (Lukas 19,5-7)

Mikrokosmos und Makrokosmos

Wir hatten uns in der Klinik kennengelernt und angefreundet.
Da waren viele gemeinsame Interessen, so rasch auch schon
wortloses Einverständnis. Das geschieht ganz selten. Große
Übereinstimmung in den wesentlichen Fragen.
Gott, Glauben, Liebe, Hoffnung, die Natur – ja, eigentlich alles. Wir haben uns gegenseitig Weite geschenkt.
Er war ein großartiger Ingenieur und engagierter Lehrer. Ein
Tüftler, aber überhaupt nicht verschroben. Vom Kleinsten – die
vielen Bienen, die er hegte und pflegte – bis zum Größten –
einem Teleskop, mit dem er einen großartigen Blick in die für uns
kaum verständlichen Weiten des Kosmos ermöglichte –, alles
mit einer großen Ehrfurcht vor Geschöpfen und Schöpfer. Das
hat uns wohl am tiefsten verbunden, das Staunen, die Ehrfurcht.

Wir wurden Freunde, aber uns war nur ein knappes, aber intensives Jahr miteinander geschenkt. Der Krebs war stärker
als alle Widerstandskraft. Er ist gut gestorben, wenn man das
so sagen kann. Da war wirklich am Ende alles gut.
Man sagt das ja manchmal: Wir werden ihn nie vergessen.
Unter guten Freunden ist das keine Floskel. Er war echt einer
meiner besten Freunde.

Meinem Sohn Christoph und mir hat er ein selbstgebautes Teleskop geschenkt und vieles mehr, damit wir gemeinsam staunen können über unsre Sterne, oder wie mein Vater in großer
Ehrfurcht gerne sagte: ... über den – Kosmos. Und wenn er,
mein Vater, Kosmos sagte, machte er immer eine kleine Pause vor dem Wort »Kosmos«, denn er ahnte – damals mit seinem bescheidenen Nachtglas –, dass man wohl weiter sehen
könnte mit besserem Gerät, aber nie und nimmer aus dem
Staunen herauskäme.

Gemeinsam haben wir gestaunt.
Er kannte die Himmel besser als ich.

Für Menschen, die am Himmel Wege suchen:

Und er hieß ihn hinausgehen und sprach: Sieh gen Himmel und zähle die Sterne;
kannst du sie zählen? (1. Mose 15,5)

Ich sah (für Amelie)

ich stand am Ufer
Beijing oder Lhasa,
vielleicht auch irgendein
weniger bekannter Ort am großen Fluss
vielleicht sogar
Kairo oder Assuan
gibt es doch so viele
große Flüsse

ich bin nicht sicher
wer kann an Flüssen sicher sein

ging den Lichtern entlang
kleine Wünsche sah ich
Gebete vielleicht
Hoffnungen allemal

da war ein großes Schweigen über dem Fluss,
am See brachten sie ihre Träume ans Ufer
und tauchten ein in die Erinnerung
und hatten spürbar ein Schweigen für den Weg

später, sehr viel später
sind sie gegangen
da waren die Lichter nur noch Erinnerungen
und geträumte Liebe

ich schrieb eine liebe Postkarte
wie immer

vielleicht hängt sie

an ihrer Wand
und lacht ihr ein Gesicht

Für die Sehenden:

Und nach diesem will ich meinen Geist ausgießen über alles Fleisch, und eure Söhne und Töchter sollen weissagen, eure Alten sollen Träume haben, und eure Jünglinge sollen Gesichte sehen. (Joel 3,1)

Papierschiffchen auf dem Fluss

Die hebräische Sprache kennt nicht unsere Zeiten, also nicht
Gegenwart, Vergangenheit, Zukunft.
Nicht: Ich lebe, ich habe gelebt oder ich werde leben.
Die hebräische Sprache kennt eher so etwas wie »Wirklich-
keit« und »Möglichkeit«.
»Ich lebe in Dielheim«, das wäre die Wirklichkeit.
»Mecht ich doch leben in Frieden«, das wäre die Möglichkeit.
Und sie steht offen.
So erst wird die Zeit ein Fluss ohne Ufer.

Für die Menschen, die aufgewachsen sind im hebräischen
Sprachkreis, fließt alles in eins. Vergangenheit, Zukunft – jetzt
ist mein Leben. Und doch nicht so, dass ich hängen bleibe. Die
Zeit ist ein Fluss ohne Ufer.
Und du bist getragen wie ein kleines Papierschiffchen.
Eine Kostbarkeit. Ein Wunder. Etwas ganz Einmaliges.
Die Uhren stehen still, die Fische bekommen Flügel und ma-
chen Platz. Die Liebenden staunen und sind glücklich. Die
Kirchtürme begleiten dich mit ihren Glocken.

Alles, was ist, ist nur Begleitmusik zu deinem Leben, dem kleinen Papierschiffchen auf dem Fluss.

Schau zurück, alles hat seine Ordnung.
Es war so, wie es war.
Es ist so, wie es ist.
Es wird so, wie es wird.
Alles klingt vertraut.
Und du mündest einst ins Meer der Liebe Gottes.
Der Schrecken soll dir nicht zu Herzen
oder an die Nieren gehen,

nicht in die Glieder fahren.
Glaube an Gott.
Und vertraue auf Jesus Christus.
Lass es gut sein.

Für Menschen, die es nicht abwarten können:
Meine Zeit steht in deinen Händen. (Psalm 31,16)

Sternstunden

Zuerst war es ihnen nicht geheuer.
Es ist ja eigenartig: Wetterfeste Menschen, an alle Geräusche der Nacht gewöhnt, bereit, für die Schafe zu kämpfen mit Raubtieren, die sie reißen wollen – solche Menschen, so könnte man meinen, bringt nichts so schnell durcheinander.
Und gerade denen fährt der Schrecken in die Glieder.
Sie hören Stimmen. Vor ihnen, über ihnen, um sie – und vielleicht in ihnen macht sich ein bisher nicht bekannter Glanz breit.
Luther übersetzt: Die Klarheit des Herrn leuchtete um sie.
Die Klarheit Gottes leuchtet auf, und das wirft die Hirten auf den Feldern vor Bethlehem um. Es heißt: Sie fürchteten sich sehr.
Es muss etwas sein, was man nicht vergleichen kann mit anderen Erfahrungen, wenn Menschen die Anwesenheit Gottes körperlich spüren.

Mose am Dornbusch, Elia am Horeb, Jesaja in seiner Berufungsvision, Paulus vor Damaskus, die junge Maria in Nazareth, die Hirten vor Bethlehem – alle erschrecken in Gottes Nähe.
Und als sie sich vom Schrecken erholt haben, macht ihnen der Engel Gottes Beine. Sie gehen, sehen und werden zu den ersten Zeugen dessen, was da die Welt auf den Kopf gestellt hat.

Neugierig sind sie gekommen. Vielleicht haben sie das Neugeborene weinen hören. Vielleicht wollten sie einfach wissen, was da los ist.

Neugierig gekommen und dankbar gegangen.
Und nicht mundfaul, introvertiert, wie sonst Menschen oft werden, die Wind und Wetter ausgesetzt sind. Sie gehen und erzählen weiter.

Und so beginnt der lange Lauf der guten Nachricht bis heute. Angestoßen von einfachsten Menschen, die ihren Schrecken überwunden haben, die sich locken ließen von guten Nachrichten, denen sie vielleicht gar nicht trauten – angestoßen von den Hirten als den ersten Zeugen geht die gute Nachricht vom Wunder dieser Nacht ihren Weg bis zu uns.

An Heiligabend spätestens erleben wir Sternstunden. Wir können es auf das beziehen, was da mit den Hirten geschehen ist. Das war ihre Sternstunde, die ihnen die Zunge gelöst hat. Aus wortkargen und dunklen Gestalten werden nun selbst – Engel. Das war ihre Sternstunde.

Und die Hirten kehrten wieder um, priesen und lobten Gott für alles, was sie gehört und gesehen hatten. Es ist manchmal nötig, umzukehren, damit man eine neue Aussicht bekommt. Es ist manchmal nötig, umzukehren, damit man zu sich selbst findet. Es ist manchmal nötig, umzukehren, um zu einem Engel zu werden.

Hirten können zu Engeln werden, wenn sie ihre Fähigkeit, zu sprechen und zu erzählen, entdecken.

Die eigentliche Sternstunde – sagt der christliche Glaube –, die eigentliche Sternstunde für alle Gehemmten, Müden und schuldigen Menschen habe im Stall von Bethlehem begonnen und sei an Ostern zum Licht für alle geworden.

Für Menschen mit Hemmungen:

Siehe, ich habe dir geboten, dass du getrost und unverzagt seist. Lass dir nicht grauen und entsetze dich nicht; denn der Herr, dein Gott, ist mit dir in allem, was du tun wirst. (Josua 1,9)

Jesus seilt sich ab und tankt auf

Jesus sucht die Stille. Er begegnet Gott in der Stille. Aus dieser Begegnung in der Stille schöpft er Kraft. Er kann sehen, was ein anderer nicht sieht. Er sieht seine Freunde, seine Jünger. Er sieht – obwohl er weit weg ist und allein –, er sieht, dass sie sich abplagen. Und es geschieht etwas Wunderbares. Für die Jünger ein Wunder. Sie sehen ihn über den See zu ihnen kommen. Sie hören, wie er sagt: Fürchtet euch nicht. Und sie spüren, wie der Wind sich legt. Aber sie verstehen diese Kraft nicht. Dabei haben sie wenige Stunden zuvor erlebt, wie diese Kraft in der Lage ist, Hungernde zu sättigen.

Menschen suchen Stille, wenn sie müde sind. Menschen wollen allein sein, wenn sie verzweifelt sind. Menschen wollen auch nicht zu viel wissen und nicht zu viel hören, weil es einem manchmal die Seele zerreißt.

In der Stille, in der offenen Begegnung mit Gott, erhält Jesus die Kraft, anderen zu begegnen. Menschen, die sich plagen. Er ertrinkt nicht im Galiläischen Meer. Er wird durch das Meer an Sorgen und Plagen nicht hinuntergezogen. Die Bibel nennt diese Kraft – Liebe.
Gott ist Liebe. Die Quelle der Ruhe ist Liebe.
Ich bete an die Macht der Liebe, die sich in Jesus offenbart – ein vielleicht etwas arg romantisches Lied. Ich bin in meiner Verurteilung solcher Dinge zurückhaltender und vorsichtiger geworden. Die Liebe ist die Macht, nach der wir uns sehnen und vor der wir gleichzeitig Angst haben. Weil sie uns den eigenen Halt, den Halt an uns selbst nimmt, unsere Hände öffnet. Am Ende bin ich angewiesen, wenn ich wirklich liebe. Ich bin darauf angewiesen, geliebt zu werden.

Die kleinsten Kinder spüren das schon, wenn sie sich zu Mama oder Papa kuscheln, zu ihren Schmusetieren oder unter die Schmusedecke.

In einem meiner Kinderlieder – einem eher lustigen – heißt es:

»Jeder braucht ein kuschelkistensicheres Versteck.«

Einen solchen Freiraum, einen angstfreien Raum, braucht auch ein alter Mensch. Ein müder Mensch. Ein kranker Mensch. Jeder Mensch.

Für Christen ist der Sonntag, das Abendmahl, der Gottesdienst ein solcher Raum. Der Kreis von Freunden, die Familie, selbst im Beruf brauche ich solche angstfreien Räume. Da weiß ich, wenn ich da hingehe, die meinen es gut. Da bin ich beschützt.

Wo nimmt eine Mutter die Kraft her, ihrem Kind Ruhe und Geborgenheit zu schenken? Wo nimmt ein Freund die Kraft her, dem Geplagten in seiner Not zu helfen?

Die Quelle dieser Kraft ist Gott. Gott ist Liebe. Und wer in der Liebe bleibt, der bleibt in Gott – und Gott bleibt in ihm, mitten auf dem Meer.

Für Menschen, die Stille suchen:

Sei stille dem Herrn und warte auf ihn. (Psalm 37,7)

Meine Liebe zu Lots Frau

Sie hatte die Häuser der Nachbarn
brennen sehen.
Sie hatte die Kinder der Anrainer
schreien hören.
Auch das Brüllen der Schafe,
die Schreie der Ziegen.
Sie hatte den scheußlichen Geruch
brennender Menschen in der Nase.
Spürte den Ascheregen im Mund.

Hielt ihr Kopftuch vor die Augen.
Die Hände vor die Ohren.
Den Rock vor den Mund.

Hörte Bersten und Stürzen,
Brechen und Stampfen.
Sah Blitze und machte sich klein
unter dem Grollen des Donners.

Und als es dann
mehr und mehr
stille wurde,
eine grausame Stille,
eine Aschenwolke verdunkelte den Weg,
da drehte sie sich um.

Ich liebe Lots Frau.
Sie hat sich umgedreht.

Für Menschen, die widersprechen:
Denn das ganze Gesetz ist in einem Wort erfüllt, in dem (3. Mose 19,18): »Liebe
deinen Nächsten wie dich selbst!« (Galater 5,14)

Der Schlüsselbund

Nein, den Hass nimmt dir keiner.
Sie sitzt mir gegenüber. Den Mantel hat sie abgelegt. Den kleinen Schlüsselbund hat sie in der Hand behalten. Zwei Schlüssel und ein kleiner Plastikteddy. Sie ist knapp vierzig. Lebt seit einem halben Jahr getrennt. Ich kenne sie aus wenigen Gesprächen.
Sie legt den Schlüssel nicht weg, nicht einmal, als sie mit beiden Händen die warme Teetasse umfasst. Sie ist noch Gast. Möchte die Schlüssel nicht weggeben, möchte den Rückzug nicht beschnitten sehen, will sich nicht ausliefern und zittert doch an Leib und Seele.
»Gestern ist wieder ein Brief vom Anwalt gekommen. Deshalb habe ich angerufen.« Es muss schmerzen, mit welcher Gewalt sie Schlüssel und Plastikbär zwischen Hand und Tasse fast zerdrücken will. Der Rest der Hass-Beichte sei verschwiegen.

Darf ein Mensch hassen? Darf ein Mensch dem anderen den Tod wünschen?
Ich rede über tiefste Krisen in einem Menschenleben, über schlimmste Vergewaltigung und Ohnmacht. In der ein Mensch seine letzte Bitte hinausschreit: Er oder ich. Nimm du es in die Hand. Und nachdem er das hinausgeschrien hat, nun seinem Gott anders gegenübertritt, vertrauend, ermutigt. Er hatte die Hände geballt, nun können sie sich öffnen zum Gebet: Du hast doch in der Geschichte unseres Volkes und in meinem Leben oft schon Gutes getan und Not gewendet. Du wirst mich retten aus der Hand meiner Feinde.
Die Psalmen lehren nicht Hass. Es gilt und bleibt in Geltung die Weisung:
»Du sollst deinen Bruder nicht hassen in deinem Herzen, sondern du sollst deinen Nächsten zurechtweisen, damit du

nicht seinetwegen Schuld auf dich ladest. Du sollst dich nicht rächen noch Zorn bewahren gegen die Kinder deines Volks. Du sollst deinen Nächsten lieben wie dich selbst; ich bin der Herr.« (3. Mose 19,16ff)

Das ist die Ordnung Gottes. So soll es sein. Lade deinen Hass ab – bei mir. Nenne das Unrecht und die Feinde beim Namen. Lass dein Leben nicht zerstören, nicht in den Schmutz ziehen, nicht vergewaltigen. Ja, liebe den anderen – wie dich selbst. Lass den Hass zu, um ihn mit meiner Hilfe zu überwinden.

Hass macht blind. Wer seinen Hass unterdrückt, verbaut sich die Aussicht. Wer, begleitet von einem anderen, in seiner tiefsten Not den Hass zulässt, schwemmt mit den Tränen, mit den Klagen und den »bösen Wünschen« Zugänge zu seiner Seele frei. Vielleicht, dass dann eines Tages durch diese Zugänge etwas zurückfließt von den anderen Kräften, den anderen »Lösungen« Gottes. Eigentlich wünsche ich nicht dem anderen den Tod, eigentlich kämpfe und bitte ich um mein Leben. Eigentlich will ich nicht den anderen in der Grube und im Dreck, ich will nur selbst aufrecht gehen und genesen. Eigentlich will ich nicht den anderen ausliefern, will nur selbst behütet sein. So paradox es klingt: Ich muss hassen dürfen, um vergeben zu können.

Auge um Auge, Fehltritt um Fehltritt, Lüge um Lüge, Leben um Leben – Gott ist dazwischengetreten. Ich habe ihm meinen Hass ins Gesicht geschrien. Er sucht nach einer Lebensgrundlage: Ich lebe, und ihr sollt auch leben.

Ich »vergebe«: Ich vertraue Gott das Geschick dessen, der mir zutiefst wehgetan hat, an. Ich »vergebe«: Ich entlasse den anderen aus meinem Einflussbereich, aus dem Bannkreis meiner bewussten und unbewussten Todeswünsche. Ich »vergebe«: Ich spüre, dass ich leben kann, ohne den anderen »aus dem Weg geräumt« haben zu müssen.

»Verstehen Sie das? Als Pfarrer?« Ja, ich verstehe das, auch als Pfarrer. Ich kenne die bewussten und geträumten Todeswünsche. Und nicht minder die damit verbundenen Schuldgefühle: Du bist verantwortlich für das, was du dem anderen an Schlimmem gewünscht hast. Wehe, es trifft ein.

Ich weiß, es ist nicht getan mit einer Klage, mit einem Gefühlsausbruch, mit einer Beichte. Jakob und Laban bauen einen Altar, ein Steinmal und rufen Gott zum Zeugen. Diese Klagemauer kann ich immer wieder anlaufen, sie markiert aber eine Grenze, »dass ich nicht an diesem Haufen vorüberziehe zu dir hin oder du vorüberziehest zu mir hin an diesem Haufen und diesem Mal in böser Absicht«. Die Zeit des Steinesammelns, des Steinewerfens kommt an ein Ende. Gott ist Zeuge. Wer die Steine nicht ablädt, wird den Wunsch, sie zu werfen, nie los.

Für Menschen, die lieber Steine sammeln, als Steine zu werfen:

Am Morgen aber stand Laban früh auf, küsste seine Enkel und Töchter und segnete sie und zog hin und kam wieder an seinen Ort. Jakob aber zog seinen Weg. Und es begegneten ihm die Engel Gottes. (1. Mose 32,1f)

Geheilt entlassen

Ein Aussätziger drängt sich zu Jesus. Er nötigt sich ihm auf. Das deutsche Wort Aussatz ist etwas missverständlich. Es handelt sich bei der Krankheit nicht um eine tödliche, vielleicht um eine ansteckende Krankheit. Etwas anderes war viel schlimmer – und da kommt das deutsche Wort »Aussatz« auch her. Die Aussätzigen waren vom Gottesdienst ausgeschlossen, sie waren vom gesellschaftlichen Miteinander ebenso ausgeschlossen. Sie waren »ausgesetzt«.

Da drängt sich einer zu Jesus, der ist ausgesetzt. Weiß Gott, was ihn plagt oder jagt. Die Ehe. Die Krankheit, die Schulden, die Müdigkeit, der Schmerz, der Geruch, die Kleidung, die Sprache. Weiß Gott, was ihn ausgesetzt hat, wie man Hunde und Katzen heute aussetzt, bevor man in den Urlaub fährt. Wie vielleicht verzweifelte Mütter und Väter Kinder aussetzen, weil sie nicht mehr für sie aufkommen können. So ist er ausgesetzt. Und nun drängt er sich auf. Gegen alle Spielregeln drängt er sich auf, provokant: Wenn du nur willst, kannst du mich reinigen. Ich will's tun. Sei rein.

Und danach die für uns fast unverständliche Drohung: Und Jesus drohte ihm und trieb ihn alsbald von sich ...
Halte dich an die Regeln des jüdischen Volkes. Geh in den Tempel. Zeige dich den Priestern. Opfere. Und wenn die Priester dich für rein erklären, lebe.

Doch der Geheilte hält das nicht aus. Es drängt ihn, zu erzählen. Er wird zum ersten Missionar des Heilers Jesus aus Nazareth. Und Jesus hat fortan keine Ruhe mehr, sucht die Einsamkeit und Stille. Der Sohn Gottes meidet Menschenaufläufe und flieht vor der Öffentlichkeit.

Gottes Sohn zieht sich zurück in die Stille. Stille heilt. Stille gibt Kraft zurück. Stille korrigiert die Maßstäbe, macht aus einem Guru einen Bruder, aus einem Helden einen Sohn, aus einem Wundertäter einen Mitmenschen.

Die Jünger haben ihn später geschützt, vor Müttern mit Kindern, vor Kranken, vor Soldaten, vor Erwartungen. Jesus braucht Schutz. Der Heiler braucht Stille. Der Mensch ist nicht nur das, was er tut. Der Mensch ist nicht nur das, was an ihm funktioniert. Und Gott ist auch nicht nur das, was »tut«, »funktioniert«, bewahrt oder heilt. Auch Gott braucht Stille. Was viele offensichtlich im Konsumrausch und im Kampf um Quoten vergessen: Gott sagt es von Anfang an, er sucht die Stille, die Feier, die Ruhe, den Glanz des siebten Tages. Leben braucht Ruhe.

Zurück zu dem Geheilten, den man zuvor ausgesetzt hatte. Jesus heilt auf ebener Erde, unter irdischen Bedingungen, ohne Vorbedingungen. Er schickt uns auf einen neuen Weg. Ich muss meinen bisherigen Weg nicht verleugnen. Ich muss meine Herkunft nicht abstreiten.

Die Konfrontation mit der Vergangenheit wird zu einer Begegnung mit Jesus. Der Ort, wo man ihn ausgesetzt hatte, ist nun von Gott besetzt. Die Vergangenheit bereinigt.
Das war es, wofür der Mann aus Nazareth gestorben ist. Für die Bereinigung unserer Vergangenheit. Für den aufrechten Gang in unserer Gegenwart. Für weites Land und offenen Himmel.

Frau X. muss die Gesunde spielen, muss die Ängste mit Medikamenten betäuben und lachen über dämliche Bemerkungen. Herr Y. wird ein Leben lang durch monatliche Zahlungen an die gescheiterte Ehe erinnert, und weiß Gott, sie ist – wenn überhaupt, dann – nicht nur an ihm gescheitert.

Frau Z. ist seit zehn Jahren oder mehr clean, nimmt keine Drogen mehr, ist trocken vom Alkohol, aber meinen Sie, der Hinweis auf die Drogen ließe sich tilgen aus den Akten bei Ämtern, Betrieben, in den Köpfen?

Wir haben Vergebung gepredigt, aber vergeben haben wir nicht.
Wir haben Neuanfang gepredigt, aber vergessen haben wir nicht.
Wer zurückkommt, ist aufs Neue ausgesetzt.
Wir Christen sind schuldig geworden an Abertausenden. Ich vermute, wir trauen dem Frieden selbst nicht.
Jeder von uns hat eine ums vielfache vergrößerte Lebenschance, wenn man ihn liebt. Wer Frau X., Herrn Y. und Frau Z. liebt, schaut mit ihnen gemeinsam nach vorn, und vertraut das, was war, Gott an. Das war. Das ist bereinigt. Das ist deine Geschichte. Das sind deine Wunden. Das bist ganz du. Und so, wie du geworden bist, hab' ich dich lieb.

Wer Frau X. und all die anderen liebt, hilft ihnen und all den anderen, die Vergangenheit anzunehmen, für Heilung zu danken, aufzustehen und zu gehen. Menschen, die so lieben, sind eine Wohltat für die verwundete Welt.

Für Gekränkte:

Ist jemand unter euch krank, der rufe zu sich die Ältesten der Gemeinde, dass sie über ihm beten und ihn salben mit Öl in dem Namen des Herrn. (Jakobus 5,14)

morgen

und
wenn da
ein Morgen ist
und ein Gott
gar ein Heiland

dann
wünschte ich mir
und sei ich
der Rest der Wartenden

mehr
als ein flüchtiges Streicheln
mehr
als eine verblassende Anklage
mehr
als eine kurze Entschuldigung

wünschte ich
ja:
ich dürfte dazugehören
dabei sein
im Licht tanzen
und im Schatten

und morgen
nichts missen
was zählt

ach
ja

Für Sehnsüchtige:
Gott, du bist mein Gott, den ich suche. Es dürstet meine Seele nach dir, mein ganzer
Mensch verlangt nach dir aus trockenem, dürrem Land, wo kein Wasser ist. (Psalm 63,1)

Mehr als ein flüchtiges Streicheln

Es gibt Menschen, die sind wiederbelebt worden. Sie erzählen von einem Licht, von einer großen Wärme, von der Nähe zu den Nächsten. Es sind wunderbare Geschichten. Sie machen uns Mut. Sie deuten den Tod nicht als Ende. Sie erzählen von einem »Hinübergehen«. Gut, dass es diese Geschichten gibt.

Und dennoch: Ich bin und bleibe ein skeptischer Geist. Möchte wie alle Kinder den Zaubertrick durchschauen, das Wunder auflösen.
Ich höre, da sei ein Licht am Ende des Tunnels. Schön, dieses Bild. Das Bild tut gut. Auch ich möchte einmal, wenn es an mein Sterben geht, ein Licht sehen und auf dieses Licht hin sterben.

Am Ende des Matthäusevangeliums, dann also, wenn der Schreiber den Punkt machen muss vor dem Amen, bei den letzten Tönen der Septim, angesichts ganz offener Fragen, steht zwei Mal: »Fürchtet euch nicht!«
Der Engel sagt: Fürchtet euch nicht.
Jesus sagt: Fürchtet euch nicht.

Da steht zwei Mal: Fürchtet euch nicht.
Und vielleicht in kargen Worten der Satz: Siehe, ich bin bei euch alle Tage, bis an der Welt Ende.

Schön das Bild vom Licht am Ende des Tunnels. Schön jedes Streicheln, jeder liebe Blick, jedes ehrliche offene gute Wort. Die Auferstehung Jesu streichelt, umarmt und spielt nicht mit Worten.

Die Worte leben.
Die Umarmung bleibt.
Die Auferstehung ist unsre Zukunft.

Der Segen, den ich Tausende Male Kindern und Alten, Gottesdienstbesuchern und Kranken, Konfirmanden und Traupaaren als Pfarrer zugesprochen habe, ist mehr als ein flüchtiges Streicheln, mehr als ein warmes Bad, mehr als ein sanftes Schulterklopfen.

Dieser Segen wird dein Leben wieder neu ausrichten. Du wirst – jedem von uns ist das so gegangen – mit jedem neuen Jahr, mit jeder neuen Frage, mit jeder neuen Aufgabe in neue Fragen, in neue Aufgaben hineinwachsen. Du wirst alte Antworten lieb behalten und dennoch neuen Antworten Vertrauen schenken. Du hast die Kraft des Heiligen Geistes empfangen und wirst sein Zeuge sein. Auf deine Weise und so, wie es die verstehen können, die dir zum Liebhaben über den Weg geschickt sind.

Hätte ein Mensch zehn Worte zu sagen, mehr nicht; käme dieser Mensch aus dem Himmel und hätte zehn Worte zu sagen; und könnte ich eine Frage stellen, die wichtigste meines Lebens. Ich würde fragen: »Überlebt mich Gott?«
Und der Weise würde vielleicht antworten mit den Worten der Engel: »Fürchte dich nicht!«
Und ich wäre selig.

Die Worte leben.
Die Umarmung bleibt.
Und morgen öffnet uns Gott die Tür und löst die Rätsel.

Für Menschen, denen Segen zugesprochen wird:
Siehe, ich bin bei euch alle Tage, bis an der Welt Ende. (Matthäus 28,20b)

Es begab sich aber,
als er in die Nähe von Jericho kam,
dass ein Blinder am Wege saß und bettelte.

Lukas 18,35

Segen

abgeerntete Felder
tragen Keime neuer Hoffnung

Menschen übernehmen Verantwortung
für die Phantasien anderer
Arm in Arm

Kinderaugen
zerschneiden jedes harte Wort
im Mund der Väter
und zwingen sie
zum Spiel auf die Knie

Gott geht durchs Land

Für Menschen mit offenen Händen:
Das Himmelreich gleicht einem Menschen, der guten Samen auf seinen Acker säte.
(Matthäus 13,24)

Am Beispiel des Rizinus: Zwischen Ökologie und Kommunalpolitik

Drei Tage und Nächte saß der arme Kerl schon im Bauch des großen Fisches. So berichtet es jedenfalls die Bibel. Und Jona, so heißt der unfreiwillige Fischbewohner, merkt, dass Gott sich nicht hereinlegen lässt. Jona wollte sich heimlich verdrücken. Gott hatte ihm einen unangenehmen Auftrag gegeben. Der Stadt Ninive sollte er die Wahrheit sagen. Er drückt sich. Und auf Umwegen landet er im Bauch des Fisches. Aber Gott hat ein Einsehen, und nach drei Tagen spuckt der Fisch Jona an Land. Er erhält nach dieser Lektion nochmals den gleichen Auftrag. Was bleibt ihm nun übrig? Er geht nach Ninive, predigt der Stadt das Urteil Gottes. Die Bewohner erschrecken zu Tode, ändern ihren Lebenswandel, Gott lässt sich umstimmen, die Stadt wird verschont, und unser Jona ist sauer: Das aber verdross Jona sehr – heißt es in der Bibel – und er war zornig. Wenn du schon so schnell vergibst, warum dann die ganze Geschichte? Beleidigt zieht Jona ab vor die Tore der Stadt, setzt sich in den Schatten einer Hütte und schmollt.

Gott merkt, dass er dem Jona vielleicht doch etwas entgegenkommen sollte, und lässt eine Rizinusstaude wachsen, über Nacht. Dass sie mit ihren großen Blättern dem armen Tropf Schatten spende in der Gluthitze, ihn ein wenig aufheitere. Rizinus – eine eigenartige Pflanze. Ihr Öl hat, bei richtiger Dosierung, durchaus heilende Kraft. Bei einigen Tropfen zu viel kann man sich durchaus so fühlen wie Jona im Bauch des Walfischs.

In der Zwischenzeit hat sich Jonas Laune merklich gebessert. Wir treffen ihn im Schatten des Rizinus sitzend vor seiner

Hütte. Das ist nun wieder Gott zu viel des Guten. Er beauftragt einen Wurm, die Rizinusstaude zu stechen. Das geschieht, die Staude verdorrt und geht ein.

Verstehen Sie das? Jona hat es auch nicht verstanden. Und nicht nur dies: Gott ärgert den armen Kerl auch noch mit einem heißen Wüstenwind. Das gefällt Jona ganz und gar nicht. Er bekommt einen Sonnenstich und will sterben. Was nun wiederum Gott ärgert, worüber er wieder Krach mit Jona bekommt. Hier schließt das Buch Jona. Wir wissen nicht, wie der Streit zwischen den beiden ausgegangen ist. Gott meint jedenfalls, wer Mitleid habe mit einer Rizinusstaude, der müsse auch Mitleid haben mit den 120.000 Bewohnern von Ninive. Womit er sicherlich nicht Unrecht hat. Schon damals also ein kleiner, aber interessanter Konflikt zwischen Ökologie und Kommunalpolitik. Aber Jona wird sich zumindest etwas benutzt vorgekommen sein.

Und der Rizinus? Wollte ich in seinem Namen sprechen, käme ich anhand der Geschichte ins Grübeln. Heute stelle ich nur fest, es konnte keine andere Pflanze sein, die zu dieser Geschichte passt. Nur der Rizinus. Die Schreiber der Bibel besaßen offensichtlich nicht nur eine gute Kenntnis der Natur, sondern auch Humor. Die Geschichte im Alten Testament geht offen aus. Ein 3:3 oder ein 4:4. Jedenfalls ein offenes, lebhaftes Spiel.

Was hätte Jona getan ohne Humor?
Heute wird übrigens das Rizinusöl in der Hauptsache als Schmiermittel für Flugzeuge und in der Plastikindustrie verwendet. Tragen Sie es mit Humor.
Und freuen Sie sich mit den 120000 Verschonten in Ninive.

Für Loser:
Er hat seinen Engeln befohlen, dass sie dich behüten auf allen deinen Wegen, dass sie dich auf den Händen tragen und du deinen Fuß nicht an einen Stein stoßest. Über Löwen und Ottern wirst du gehen und junge Löwen und Drachen niedertreten. (Psalm 91,11-13)

Kein Brotkönig

In der Wüste Sin zwischen Elim (»Götter«) und Sinai (Offenbarungsort des »einen Gottes« und der Thora) lagert ganz Israel, trauert den Fleischtöpfen Ägyptens nach und murrt gegen Mose und Aaron. (2. Mose 16)
Am »anderen Ufer des Sees« sucht das Volk Jesus. Schon tags zuvor war es nicht gelungen, ihn zum »Brotkönig« zu machen. Er war entwichen auf den Berg. Nun finden sie ihn am Ufer in Kapernaum. Jesus kennt ihr Motiv: Ihr sucht mich nicht, weil ihr Zeichen gesehen habt, sondern weil ihr von dem Brot gegessen habt und satt geworden seid. Schafft euch Speise, die nicht vergänglich ist, sondern die bleibt zum ewigen Leben. (Johannes 6)

In Zeiten des Hungers machen Brothändler Geld mit Halluzinationen. Sie zeigen Bilder, wecken Hoffnungen, reden den Menschen nach dem Mund, verführen in virtuelle Welten, nehmen in Kauf, dass die Verführten und Getäuschten gar zu Tode kommen.
Jesus speist fünftausend. Wer die Speisung der Fünftausend missversteht als königliches Wunder der Brotbeschaffung, merkt nicht, wie dies Brot hinweist auf Jesus Christus, der sich selbst gibt, verteilt, zermalmen und zerstreuen lässt für das Leben des Kosmos.

Wenn wir Brot predigen, dann predigen wir nicht trocken Brot, wir predigen auch Tanz, Feier und Spiel: In Christus wohnt die ganze Fülle der Gottheit leibhaftig, und an dieser Fülle habt ihr teil in ihm. (Kolosser 2,9) Predigen wir Fülle, dann predigen wir Christus. Predigen wir Fasten, predigen wir Christus. Wir predigen nichts anderes als Christus, wenn wir predigen. In Christus sind alle eins. Nicht einerlei– eins.

Wer Brot predigt, muss den Hunger kennen. Wer Fülle predigt, muss mehr absolviert haben als ein Praktikum in der Wüste. Wer heute Leben predigt, darf morgen nicht die Arche schließen.

Sie forderten den »Brotkönig«: Kannst du dies, dann kannst du auch das. Drückst du die Arbeitslosigkeit unter zehn Prozent, dann »kannst« du auch die Vollbeschäftigung. Kannst du andere heilen, dann kannst du auch mich heilen.

Das Brot des Lebens vermehrt sich durch Teilen, stärkt durch Hingabe und heilt von der Plage des alltäglichen Kampfes ums Überleben.

Martin Luther predigt am 8.3.1524: »Wir zählen wohl die Glaubensartikel auf und bekennen, dass Christus auf Erden gewandelt ist und sich endlich in den Tod dahingegeben hat. So hat man gepredigt und es ist ja auch wohl wahr; aber wenn man nicht mehr dazu sagt, dann wird deine Seele nicht gespeist. Denn das glaubt auch der Teufel. Und doch meinten sie, das sei ein köstlich Ding. Der Herr aber stellt einen Artikel auf: Wenn sie den fassten, dann gingen die anderen alle in der rechten Ordnung; nämlich dass du an ihn glaubst, der vom Vater gesandt ist und der eine Speise wirkt, die nicht vergänglich ist. Es ist nicht genug, dass du glaubst, Christus sei Mensch und Gott; sondern du musst glauben, dass er's dir zugut geworden ist und dass er dir die Speise gegeben hat. Dann folgt sicherlich das Siegel (des Geistes). – Diese Predigt versteht niemand, es sei denn der Heilige Geist (mit ihm), und keiner richtet sie recht aus, es sei denn der Heilige Geist tut's selber. Er schafft, dass man den Herrn Christus dafür hält, dass er meine Speise ist.«[11]

Gott teilt das elementar Lebenswichtige mit uns. Nicht so, dass er uns etwas abgibt von seiner Fülle. Er gibt sich uns ganz in die Hand. Und er stirbt, weil er sich ganz in die Hände der Menschen gibt. Wir essen, kauen, zermalmen das Brot. Wir schauen es nicht nur an. Wer die Thora liest, wie sie zu lesen wäre (Psalm 1), wird eins mit ihr.

M. Luther: »Das ist die Speise: wenn ich solches annehme und spreche: wahrlich, es ist so; ich tröste mich dessen, dass deine Gerechtigkeit mein eigen ist. Wie du mich speist, so nehme ich's an. So bin ich sicher, dass ich eine wahrhaftige Speise wirke. Durch solche Speise werde ich verwandelt in die ewige Gerechtigkeit.«

Wort, Brot, Jesus Christus – wird einverleibt, »eingeleibt«. Gott legt sich ganz unter unsere Füße und sagt: Nun komm, geh auf mir. Er beugt sich ganz unter uns: Nun komm, stütze dich auf mich.

Wenn wir Abendmahl feiern, gibt es für mich keine eindrücklichere liturgische »Situation« als die, wenn da im Kreis um den Altar zwei oder drei Generationen versammelt sind. Wer »zum Tisch des Herrn« kommt, hat auf der einen Seite einen achtjährigen Lausebengel neben sich stehen und auf der anderen Seite eine 77-jährige Witwe, vielleicht einen akademisch gebildeten Ältesten oder die eigene geschiedene Frau. Und einer sagt zum anderen: »Ich teile mit dir, was Gott uns schenkt.« Ein so kleiner Satz. Und doch – eine so große Weite.

Er teilt.
Du teilst.
Ich teile.
Wenn wir teilen,
sind wir eins
und er ist unser.

Für Menschen, für die Teilen Heilung bedeutet:
Und er nahm die fünf Brote und zwei Fische und sah auf zum Himmel, dankte und brach die Brote und gab sie den Jüngern, damit sie unter ihnen austeilten, und die zwei Fische teilte er unter sie alle. (Markus 6,41)

Gleichnis

Die Fischer – so schreibt die 1923 geborene Wislawa Szymborska, polnische Dichterin, ausgezeichnet mit dem Literaturnobelpreis[12] – die Fischer hätten eine Flasche aus der Tiefe gefischt. Sie enthielt einen Zettel mit folgender Post: »Leute, Hilfe! Ich bin hier. Der Ozean hat mich auf das menschenleere Eiland geworfen. Ich stehe am Ufer und warte auf Rettung. Beeilt euch. Ich bin hier!«
»Hm. Ohne Datum. Es ist sicher zu spät. Womöglich treibt die Flasche schon sehr lange im Meer«, sagte der erste Fischer.
»Und der Standort ist unklar. Man weiß nicht einmal, welcher Ozean gemeint ist«, fügte der zweite Fischer hinzu.
»Weder zu spät noch zu weit. Die Insel ›Hier‹ gibt's überall«, meinte der dritte Fischer.
Peinliches Schweigen trat ein, es befremdete alle. Allgemeine Wahrheiten haben das so an sich.

Wahrheit ist konkret, persönlich, angrifflich, und – meine Wahrheit ist noch lange nicht die deine. So wie mein Leben nicht deines ist und deine Erfahrung nicht die meine.

Die erzählte Geschichte hat zwei Ebenen.

Die eine Ebene ist die zu allgemein formulierte Not:
»Ich bin hier auf einer Insel und warte. Helft mir.«
Wohin soll der Hilfsbereite fahren?
Von welcher Insel ist die Rede?
Wann hat sie oder er die Botschaft abgesandt?

Die andere Ebene ist die der hilflosen Helfer.
»Hm. Ohne Datum. Es ist sicher zu spät. Womöglich treibt die Flasche schon sehr lange im Meer.« – »Und der Standort ist

unklar. Man weiß nicht einmal, welcher Ozean gemeint ist.«
– »Weder zu spät noch zu weit. Die Insel ›Hier‹ gibt's überall.«
Die Helfer sind ratlos, sind einfallslos.

Das ist nicht selten. Beides kennen wir:
Wir hören allgemeine Wahrheiten – und schalten die Ohren
auf Durchzug. Allgemeines Geschwätz gibt es zuhauf von Ka-
theder, Kanzel und vor der Kamera. Peinliches Schweigen.
Wir sehen hilflose Helfer. Die Opfer sind die Schuldigen. Hätten sie doch früher, genauer und mit Angabe einer Konto-
nummer um Hilfe gerufen.

In einem Geldinstitut beobachtete meine Frau folgende Szene:
Eine ältere Dame kommt und will den leidgeprüften Opfern einer Hochwasserkatastrophe helfen. Hat ihr Kleingeld
zu einem Schein zusammengerechnet und will Not lindern.
Weiß wahrscheinlich aus eigener Vergangenheit, was Not und
was Hilfe bedeuten.
»Da kam gestern im Fernsehen, dass man helfen soll«, sagt
sie. Man könne das Geld einzahlen bei allen Sparkassen und
Banken, auf die gleiche Nummer. Sagt sie.
Rätselraten in der ganzen Bank. Niemand weiß Bescheid. Es
gibt keine Nummer, dabei hat das Fernsehen doch gesagt: bei
allen Sparkassen und Banken. Minutenlange Peinlichkeit.
Die ältere Dame hat schließlich ihren Schein wieder ins Porte-
monnaie gesteckt und ist gegangen. Weiß Gott, was sie mit
dem Geld gemacht hat. Ich hoffe, wenigstens wenn schon
nicht anderen, dann sich selbst eine Freude.

Ist das nicht unsere Welt? Zehn oder mehr Hilfsorganisati-
onen streiten darum, auf wessen Konto das Geld für die Hilfe
überwiesen werden soll. Gelegentlich klagt man über zu viele
Helfer. Man stelle sich das vor: zu viele Helfer.

Hilflose Opfer, hilflose Helfer.

Den einen möchte ich sagen: Gebt deutlich zu erkennen, was euch plagt. Es gibt Menschen, die helfen, wenn man nur ehrlich und offen ist.

Den anderen möchte ich sagen: Wenn sich die Helfer gegenseitig das Wasser abgraben, steigt die Wahrscheinlichkeit, dass das Opfer ertrinkt.

Für Hilfsbereite:

Seid barmherzig, wie auch euer Vater barmherzig ist. (Lukas 6,36)

Organischer Nachschub im Garten des Menschlichen

Auf guten Rat hin kaufe ich im Herbst zwei bis drei Kilo Senfkörner und säe sie überall in meinen Garten. Natürlich nur da, wo etwas umgegraben oder abgeerntet ist. In kürzester Zeit wachsen große Pflanzen, mit gelben Blüten.

Senf wächst nicht nur so schnell, dass man dabei fast zuschauen kann, Senf ist auch ein hervorragender Dünger. Viele wissen das und säen Senfkörner ein, wann immer ein Beet im Garten für kurze Zeit brach liegt. Senf, so lese ich in einem Gartenbuch, sorgt für organischen Nachschub. Das hat mir gefallen.

Organischer Nachschub. Wächst schnell. Und düngt. Bringt Leben in den Garten. Und schmeckt sehr eigen. Wieder bin ich überrascht über die Naturkenntnis der biblischen Autoren.

Im Markusevangelium (Mk 4,30-32) heißt es: Womit sollen wir das Reich Gottes vergleichen? Es ist wie ein Senfkorn. In die Erde gesät, ist es kleiner als andere Samen. Aber es geht auf und wird größer als andere Pflanzen, es treibt große Zweige. Selbst die Vögel finden Schatten. So ist das Reich Gottes.

Ich denke an unsere Konfirmanden. Wenige sind geblieben nach der Konfirmation. Nichts Großartiges. Unscheinbar. Mein einziger Trost, dass doch irgendwann und irgendwo dieser Same aufgeht.

Ich denke an unsere Kindergärten. Und all die Phantasie und das Bemühen. Mein einziger Trost, ein wenig Samen. Wenn der aufginge!

Wenn doch etwas hängen bliebe vom Konfirmandenunterricht, vom Kindergarten, vom Religionsunterricht, von Begegnungen mit Christen und – mit Christus.

Noch ist das eine Verheißung. Und an diesem Punkt bin ich engagiert.

Noch ist das meiste Verheißung: dass wir Christen schnell wachsen, dass wir düngen, dass wir Leben in den Garten bringen, dass wir der organische Nachschub sind für die Schöpfung. Das ist meist erst Verheißung.

Ihr seid das Licht, sagt Jesus. Licht ist hell, leuchtet aus, ist grell, bringt Leben. Bringt den Tag. Bringt das Neue.

Ihr seid Salz. Scharf seid ihr und beißend. Ihr bringt Geschmack in eine fade Welt. Ihr reinigt und desinfiziert.

Ihr seid der Senf. Unscheinbar noch auf brachem Land. Und morgen schon grün. Und übermorgen groß. Und danach bringt ihr Leben in die Welt.

Organischer Nachschub. Licht, Salz, Senf – das sind schon scharfe Vergleiche!

Es sind keine Schreibtischgeschichten, wenn die bekannten und ungenannten Schreiber der Bibel von den Pflanzen erzählen. In ihnen ist ein tiefes Wissen um die Einheit alles Geschaffenen enthalten. Wenn in einem verregneten Frühsommer die Kirschen und Erdbeeren verfaulen und außer Schnecken und Blattläusen kaum ein Geschöpf sich richtig wohlfühlt, dann häufen sich auch die Anrufe bei der Telefonseelsorge. Wir sind eine Einheit. Als Ganzes geschaffen. Das Blatt, auf dem Sie jetzt lesen, stammt ab von einem Baum. So einfach ist das.

Die Bibel ist noch voll von Geschichten, in denen Pflanzen eine Rolle spielen. Rizinus und Senf, Ölbaum und Klatschmohn, Mandelzweig und Dattelpalme, Senfkorn und Weinrebe. Damals dienten die Pflanzen als Gleichnis für uns.

In der Zwischenzeit haben wir die Pflanzen veredelt. Die Äpfel sind größer, die Trauben sind süßer, die Nüsse weniger bitter, die Oliven fetter und die Melonen saftiger. Nur – der Mensch tritt auf der Stelle. Keine Spur edler, süßer, saftiger, schärfer oder lebendiger – er ist der Alte geblieben.

Grund genug, Senf zu säen, organischen Nachschub im Garten des Menschlichen.

Für Naturverbundene:

Ihr sollt am ersten Tage Früchte nehmen von schönen Bäumen, Palmwedel und Zweige von Laubbäumen und Bachweiden und sieben Tage fröhlich sein vor dem Herrn, eurem Gott, und sollt das Fest dem HERRN halten jährlich sieben Tage lang. (3. Mose 23,40)

Ali, Anthony und andere

Ali kochte den besten Tee auf unserem Stockwerk im Studentenwohnheim. Er studierte Medizin, wohnte zwei Zimmer neben mir. Er war sicherlich der Ruhigste unter uns. Schmächtig, freundlich, zurückhaltend. Einmal waren seine Eltern zu Besuch. Einfache alte Menschen. In einer fremden Welt. Ali ging zurück in den Irak, in seine Heimat. Als Arzt.
Ich habe Angst um Ali und seine Kinder.

Anthony wohnte schräg gegenüber. Hoch aufgeschossen. Er wohnte nur zwei Semester bei uns. Anthony machte Eier in der Küche, Ali kochte Tee, ich aß Spaghetti. Anthony stammte aus England. Er ging bald wieder zurück in seine Heimat.
Ich habe Sorge um Anthonys Söhne.

Ahmet wohnte im letzten Zimmer auf dem Flur. Er war es, der in Heidelberg Einbahnstraßen in der falschen Richtung befuhr, pure Abenteuerlust. Ahmet ist Türke. Sein Vater arbeitete in Deutschland. Beide sind schon lange zurück in der Türkei. Ich habe Sorge um Ahmet und seine Familie.

Und so kennt jeder einen John, eine Neschdet, eine Kim, einen Yang, einen Orhan, eine Natalja, einen Muhamed, Frauen, Männer, Kinder, Alte.
Menschen, die uns Freunde waren oder sind. Menschen unterschiedlicher Religionen. Menschen, die leben wollen inmitten von Leben, das leben will.
Menschen, die in Diktaturen leben. Und Menschen, die in Demokratien leben. Menschen, die sich frei äußern können, und Menschen, die schweigen müssen. Menschen in Freiheit und Menschen in Angst.
Ärzte, Soldaten, Arbeiter, Krankenschwestern, Bauarbeiter,

Tagelöhner, Lehrerinnen, Straßenverkäufer, Geistliche, Ingenieure, Schneiderinnen und Schlosser. Menschen in Angst um Menschen.

Wir unterscheiden uns in wesentlichen Fragen. Aber in der einen nicht: Wir glauben, dass Barmherzigkeit und Sanftmut und Geduld höchste Tugenden sind.

Und dass Gott Gebete erhört, wenn sie aus reinem Herzen kommen, nicht den eigenen Vorteil suchen, sondern den Frieden des anderen, der für Christen und Muslime in gleicher Weise den Frieden für unsere jüdischen Schwestern und Brüder mit einschließt.

Für Menschen mit Freunden aus der einen Welt:

Seht, welch eine Liebe hat uns der Vater erwiesen, dass wir Gottes Kinder heißen sollen – und wir sind es auch! (1. Johannes 3,1)

Und es geschah,
als sie so redeten
und sich miteinander besprachen,
da nahte sich Jesus selbst und ging mit ihnen.

Lukas 24,15

Von Brunnen und Quellen

Wenn Sie im Sommer nach langer Wanderung an einen Brunnen kommen, dann ist er wie eine Lebensquelle. Brunnenwasser ist umso reiner, je tiefer man bohrt. Die Quelle ist umso besser, je höher sie liegt.

Würden Sie aus einem Brunnen trinken, dessen Wasser trüb ist?

Frisches Wasser ist rein. Der einzige, aber entscheidende Wermutstropfen: Es ist begrenzt vorhanden. So kostbar, so bedroht ist Lebenswasser. Jedenfalls nichts, was wir zum Spottpreis verschleudern dürften.

Ob wir Christen den richtigen Weg gewählt haben bei all den Religionen, wissen wir nicht. Wir glauben es, wir vertrauen darauf. Es ist auch kein Weg gegen andere oder auf Kosten anderer. Deshalb sollten wir ruhig auch Wasser austauschen, über den Brunnenrand schauen, über den Kirchturmhorizont hinausblicken. Aber wissen, woher wir kommen.

Wenn von allen vier Himmelsrichtungen die Menschen zusammenkommen, um das köstlichste Wasser mitzubringen, das sie gefunden haben, und wir Christen sind gefragt: »Was habt ihr beizutragen zur Heilung der Welt?« Und wir stehen da und wissen keine Antwort. Dann ist das ein Trauerspiel.

Vielleicht wollen wir die Fremden deshalb nicht unter uns, weil sie uns deutlich machen, wie weit wir uns von unseren Quellen entfernt haben? Fremde sind feinfühlig. Sie sind wach, beobachten genauer.

Wenn wir nicht mehr sagen können, warum wir Christen sind, wer denn dann? Wenn wir nicht sagen können, warum nun gerade Christus und nicht Muhamed, Krishna, Jupiter, Sonne oder das Geld, wenn wir das nicht sagen können – wer dann?

Und so ist jeder von uns Brunnen oder nicht. So ist jeder von uns Christ oder nicht. Erklären Sie einem Fremden, warum Weihnachten, Ostern und Pfingsten Christfeste sind. Dann werden Sie interessierte Zuhörer finden. Aber wenn Sie den Eindruck haben, es geht nur ums Kaufen – wie kann man geschenktes Wasser verkaufen? Nein, es geht nicht um Kunden, es geht um Menschen. Am Lebensbrunnen geht es nicht ums Geschäft. Den Eindruck machen wir, es ginge uns nur ums Geschäft. Selbst die, die behaupten, es ginge ihnen um den Heiland, machen das schon wieder so geschäftstüchtig, dass man seine Zweifel daran bekommt.

Die Nagelprobe ist schon die Frage: Kann ich mit meinem kaputten Leben, mit den zig Umwegen und mit meiner Schuld nicht nur theoretisch, kann ich auch praktisch wieder lernen, aufrecht zu gehen? Erst wenn das so ist unter uns, kann auch unser Brunnen einladen, dort zu verweilen. Vielleicht auch zu bleiben.

Für Menschen, die Quellwasser lieben:

Bei dir ist die Quelle des Lebens, und in deinem Lichte sehen wir das Licht. (Psalm 36,10)

Ein vorsichtiges Ja

Wir sind unterwegs auf einem Abendspaziergang. Die Sonne ist untergegangen. Ein klarer Himmel. Noch leuchtet ihr Licht am Horizont in Violett, Rot, Orange. Immer matter werden die Farben. Immer weniger leuchtet der Abendhimmel. Auch wenn ich den Sonnenuntergang fotografiere, ich kann ihn nicht festhalten. Da waren heute schlimme Dinge und da waren gute Dinge. Und jetzt muss ich irgendwie die Kurve nach Hause kriegen. Ich muss den Weg zurückgehen. Und dabei wird es immer dunkler.

Ich wende mich um bei meinem Spaziergang. Bis zu diesem Baum sage ich, dann drehe ich um. Oder bis zu diesem Geschäft oder bis zu diesem Fels.

Auf dem Heimweg kenne ich mich aus. Ich weiß die Hindernisse, kenne die Umwege. Der Geruch ist mir vertraut, die Klänge, der Weg. Hier kann ich mich nicht mehr verlaufen. Hier weiß ich Bescheid. Hier kann ich mich »der Nacht anvertrauen«. Hier erzählt jedes Haus eine Geschichte, die ich kenne. Jeder Name schreibt ein Buch und jeder Busch weiß ein Lied. Das, was mich am Tag gestört haben mag, ist mir nun eine Orientierung. Die Geräusche, die Gerüche, selbst die Flüche aus den Häusern, die ich so gut kenne. Hier bin ich zu Hause. Nun kann ich mich der Nacht anvertrauen.

Nein, Gott ist nicht das, was ich mir einmal darunter vorgestellt habe. Aber ich ahne einen Heimweg, meine Schritte gehen schneller, sicherer, freier. Ja, da war vieles, und manches Schlimme darunter. Aber je näher ich an Vertrautes komme, umso aufrechter gehe ich. Und fast ist es, als könnte ich genießen. Nun atme ich frei. Ich bin da. Und mir ist alles vertraut. Ich kann die letzten Schritte sogar langsamer gehen, kann verweilen hier oder dort. Ich weiß ja: Hier bin ich zu Hause.

Nun lass es Abend werden. Nun lass es gut sein. Was werden soll, wird werden. Morgen. Und ich weiß, morgen ist auch dein Tag. Morgen ist auch deine Sorge. Morgen. Ich möchte gerne dieser letzten Station meines Abendspaziergangs einen Namen geben: vielleicht den Namen »Ich will mich lösen vom heutigen Tag und will einem guten Morgen in die Arme hinein schlafen«.

Der Schlaf ist wichtig. Er begleicht, wenn er gelingt, alle Rechnungen des alten Tages.

Er öffnet, wenn er gelingt, alle Türen zum neuen.

Und dazwischen schenkt er uns Träume, Landkarten, Wegweiser, Lösungen.

Nun lass mich nach Hause kommen, mich zur Ruhe begeben und darauf trauen, dass auf eine gute Nacht ein guter Morgen kommt.

Ich habe hinter mich geschaut und habe zurückgelassen.

Ich bin stehen geblieben und habe über das – dennoch – Gute gestaunt.

Ich habe mich der Nacht anvertraut.

Ich löse mich. Lasse heute gewesen sein, vertraue mich dem Dunkel der Nacht an und bin bereit, dem neuen Tag kein »Aber« entgegenzusetzen, eher ein vorsichtiges »Ja«.

Für Menschen, die angekommen sind:

Nicht ihr habt mich erwählt, sondern ich habe euch erwählt und bestimmt, dass ihr hingeht und Frucht bringt und eure Frucht bleibt, damit, wenn ihr den Vater bittet in meinem Namen, er's euch gebe. (Johannes 15,16)

Münze in kleiner Hand

Gibst du Kindern eine kleine Münze in die Hand, zum Einkaufen vielleicht oder zum Sparen, dann halten sie sie fest, die kleinen Finger zu einer Faust zusammengepresst. Du wirst die Wärme ihrer Hand noch an der Münze spüren, wenn sie dir diese Münze anvertrauen.

Diese kleine Beobachtung machte ich wieder, als ich ein Kind im Kindergottesdienst fragte, warum es seine rechte Faust nicht öffnet. Es zeigte mir ein 50-Cent-Stück. Es war das »Opfergeld«, das ihm die Mutter in die Hand gedrückt hatte. Und da saß es nun eine halbe Stunde und hielt die Münze fest, wie einen Schatz.

So gehen kleine Kinder mit Anvertrautem um.

Die kleine Münze in der Hand des Kindes. Es hat von Mama oder Papa gehört: »Pass auf! Verlier das Geld nicht!«

Ich weiß nicht, was Ihnen in die Hand gedrückt wurde, mit dem göttlichen Prägestempel, damals bei Ihrer Geburt.

Ich weiß nicht, was Ihnen in die Hand gedrückt wurde damals bei der Taufe, bei der Einschulung, bei der Kommunion oder Konfirmation, bei der Hochzeit.

Ich weiß nicht, was Ihnen mitgegeben wurde von Mutter oder Vater oder anderen: Gib das nie her! Halt das fest!

Ein Kind hält ganz fest, was ihm anvertraut ist. Zuerst vielleicht, um Mutter oder Vater nicht zu enttäuschen, später dann, weil es selbst erkennt, was das Anvertraute wert ist.

Nicht nur Kindern geht es so. Ein Leben lang fürchten wir, zu verlieren, wenn wir die Hand öffnen. Wir haben Sorge, die Münze in der Hand könnte nicht reichen, und dann sind wir blamiert.

Zwei Generationen vor uns haben dramatische Erfahrungen gemacht mit »Werteverfall«, mit Inflation. Von Eltern und Großeltern habe ich noch »altes Geld«, einen Hundertmarkschein aus dem Jahr 1908, einen Zwanzig- und einen Fünfzigmarkschein von 1910. Vom 2. Dezember 22 einen Fünftausendmarkschein, Zehntausend Mark vom 7. April 23, Zwanzigtausend Mark vom 1. September 23, Fünfhunderttausend Mark vom 1. Mai 23, eine Million Mark vom 20. Februar 23, zwei Millionen Mark vom 9. August.

Scheine. Alles nur Scheine – oder anders gesagt: Alles nur Schein. Nichts mehr wert. Eine schlimme Erfahrung. Ich halte mehrere Zehntausend in der Hand, und doch ist alles nur Illusion.

Was meine »Gaben« sind, was zum Leben »reicht«, was »mein Wert« ist?
Mit verkrampft geballten Fäusten erfahre ich nie, wie wertvoll ich bin oder wie wertvoll das ist, was mir mitgegeben wurde.

Wer krampfhaft festhält, wird die Angst nicht los, dass »sein Wert nicht reicht«. Dein eigener »Wert«, deine Gabe, der Wert dessen, was dir anvertraut wurde, erweist sich erst bei offener Hand.
Wenn ich im Garten den Samen in der Hand nicht hergebe, wird nichts wachsen.
Wenn ich Probleme habe, sie für mich behalte, mein Herz nicht ausschütte, wird sich nichts bessern.
Wenn ich meine Gaben einbringe, dann spüre ich, wie etwas wächst.
Und wenn ich mein Herz ausschütte, dann kann meine Seele heilen.

Jedes Jahr im Frühsommer feiern wir das Pfingstfest, feiern die offene Hand Gottes. Gott gießt seinen Geist aus, wie ein großzügiger Gärtner an einem Sommerabend seinen Garten weiträumig bewässert. Er achtet nicht darauf, ob da ein Tropfen daneben geht oder gar in des Nachbarn Garten landet. Er geht mit dem kostbaren Wasser verschwenderisch um. Das feiern wir an Pfingsten.

Ich möchte Sie einladen, das, was Ihnen anvertraut ist, Ihre Gaben zu teilen mit Sommerhänden und mit einem pfingstlichen Herzen.
Eben ganz freigebig.

Und sorgen Sie sich nicht, ob der Vorrat reicht.
Zur kleinen Münze, die das Kindergottesdienstkind am Ende in das Schälchen gab, kamen andere. Auch die Kinder verstanden: Wer teilt, hat am Ende mehr.

Für Menschen, die teilen mit Sommerhänden:
Gutes zu tun und mit andern zu teilen vergesst nicht; denn solche Opfer gefallen Gott. (Hebräer 13,16)

Wer uns segnet

Ein Gedanke aus dem Judentum beeindruckt mich. Es geht um Armut und um Dankbarkeit, um Segen. Wer uns segnet, heißt es da, weil wir ihm geholfen haben, dem sollten wir dankbar sein – nicht umgekehrt.

Wer uns segnet, weil wir ihm geholfen haben, dem sollten wir dankbar sein, nicht umgekehrt. – Ich soll dankbar sein, dass ich jemandem helfen kann. Dass ich dienen kann. Wer dienen will, bedarf des anderen, so haben wir zu denken.

Es ist eine Chance, die Gott uns schenkt, wenn er uns jemanden zum Liebhaben, zum Bedienen über den Weg schickt. Äußerst schwierig, diese Denkweise nicht nur für gut zu halten, sondern nach diesem Vorsatz zu leben. Gibt es doch schon innerhalb der Kirche genügend, die mir zum Stolperstein werden, Kotzbrocken, Anfechtungen Schritt auf Schritt. Einer des anderen Legitimation fürs Nichtstun. Einer des anderen Legitimation für den Rückfall in die Welt der Mächtigen und Händler. Wo doch keiner etwas preisgibt, am wenigsten eine Blöße. So soll es unter euch nicht sein. Geht ohne Erwartung, ohne Geldbeutel, ohne Pfeifen, nach denen andere tanzen sollen, ohne Bilder, nach denen sich andere verhalten sollen, geht nur als Dienerinnen und Diener. Und wenn ihr in ein Haus kommt, sprecht zuerst: Friede sei diesem Haus.

Friede sei diesem Haus. Sprecht das zuerst.

Und wenn einer dich bittet, dass du ihn eine Meile begleiten sollst, dann nötige ihn, dass du ihm zwei Meilen weit dienen kannst, und gib ihm zwei Röcke statt eines und lass dich nicht aus dem Konzept bringen durch das Klingeln deines Handys.

Für Menschen, die gesegnet sind:

Das ist ein köstlich Ding, dem Herrn danken und lobsingen deinem Namen, du Höchster. (Psalm 92,2)

Wie lernt man, was es heißt, Christ zu sein?

Wie eigentlich wird man Christ?
Durch Taufe, werden die einen sagen.
Da wird man hineingeboren wie in eine Kultur, ein Land, eine Heimat, werden andere sagen.
Da macht man sich auf den Weg, sucht, prüft und bleibt schließlich. So die Dritten vielleicht.

Wie wird man Christ? Diese Frage stellte man dem Kirchenvater Klemens von Alexandrien im 2. Jahrhundert. Ich lese in einer alten Schrift:
Klemens von Alexandrien wurde gefragt, wie jemand Christ wird und wie er Christus kennenlernen kann. Klemens antwortete: »Ich lasse ihn ein Jahr lang in meinem Haus wohnen.«

In meinem Haus? Unaufgeräumte Wohnung, hohe Mietpreise, enge Wohnverhältnisse, andere Kulturen und Gebräuche. Erschreckend und faszinierend die Vorstellung des Klemens aus Alexandrien: »Wer Christ werden möchte, den lasse ich ein Jahr lang in meinem Haus wohnen.« Punktum.
Je länger ich darüber nachdenke, scheint mir das die plausibelste und einfachste Lösung des Problems zu sein: Junge Leute leben eine bestimmte Zeit, Tage, Wochen bei dir, bei mir und bekommen so einen Eindruck davon, was es heißt, »Christ zu sein«.

Heißt Christ sein: bei Tisch beten?
Heißt Christ sein: jedem die Tür öffnen?
Heißt Christ sein: jedem Bedürftigen geben, dem einen Geld,

dem anderen Habe oder Essen, dem Dritten Zeit?
Heißt Christ sein: sonntags in die Kirche gehen?
Heißt Christ sein: beim Läuten der Türklingel oder des Telefons in eine Rolle schlüpfen?
Heißt Christ sein: gerecht sein, vielleicht auch zum eigenen Nachteil?
Heißt Christ sein: in der Bibel lesen, über Gott und die Welt diskutieren, vegetarisch leben und auf Alkohol verzichten?

Nein, ich suche nicht die Liste zum Abhaken. Das liefe wieder auf einen genormten Tagesablauf eines Christen hinaus. Den gibt es nicht. Der Personalchef in Sindelfingen wird andere Schwerpunkte setzen als der Bäcker auf den Fildern oder die Lehrerin in Ulm. Der Pfarrer in Karlsruhe legt Wert auf das Gebet, die Witwe in Backnang auf die Bewältigung von Einsamkeit und der christliche Gewerkschafter in Mannheim auf die soziale Gerechtigkeit.

Nun also käme es darauf an, ob wir das an uns selbst heranlassen. Können wir unsere Kleinkariertheit verlassen, unsere Angst besiegen und auf weiten Linien schreiben?

»Ich lasse ihn ein Jahr lang in meinem Haus wohnen.« Das ist wohl auch heute noch die einzig reelle Weise, die Wahrheit über die Praxis einer Religion zu erfahren. Daneben verblassen alle klugen Bücher und verstummen alle wohlgeformten Sprüche.

Für Menschen auf der Suche nach Wahrheit:
Herr, deine Güte reicht, so weit der Himmel ist, und deine Wahrheit, so weit die Wolken gehen. (Psalm 36,6)

mit Sommerhänden

noch einmal
die sanfte Dunkelheit des Abends
herbeisehnen

noch einmal
tief einatmen Lavendelblau, Kiefergrün
tagmüde Gräser

noch einmal
der Milchstraße folgen nach Norden
staunen

noch einmal
sorgen um schlaftrunkene Schwalben
heimkehrende Falter

noch einmal
die Liebe mit Händen greifen
die Gnade der Nacht verstehen

bald
lastet das Dunkel
welken die Gräser
verhangen der Himmel
nebelfeucht Nest, Turm und Weite

und dann
ist es Zeit
die Fülle zu teilen
mit Sommerhänden

Für Wintermenschen:
Ich habe euch in allem gezeigt, dass man so arbeiten und sich der Schwachen
annehmen muss im Gedenken an das Wort des Herrn Jesus, der selbst gesagt hat:
Geben ist seliger als nehmen. (Apostelgeschichte 20,35)

Tisch ohne Grenzen

Es war noch zu der Zeit, als ich Pfarrer in Mannheim war. Da kam mindestens einmal in der Woche ein Wohnsitzloser vorbei, »Durchwanderer« sagten wir dort. Er kam jede Woche. Einer von denen, die man abschätzig »Stadtstreicher« nennt. Ein Wohnsitzloser, der aber in Mannheim blieb und irgendwo in einem Gartenhäuschen oder im Freien oder in einer Unterführung schlief. Etwa 40 Jahre alt.

Eines Tages lud ich ihn ein, ob er nicht auch einmal sonntags kommen wolle. Sonntags sei Gottesdienst, und ich würde mich freuen, wenn er auch einmal dahin käme.

Und er kam auch. Saß abseits von den anderen vorne links. Die Kirche hatte über 1000 Sitzplätze. Und dann feiern wir Abendmahl. Und er steht nicht auf. Er bleibt still in sich versunken sitzen. Ein Kirchenältester kommt zum Abendmahl vor zum Altar, und ihn schicke ich zu dem Mann. Er solle ihn bitte fragen, ob er nicht auch teilnehmen wolle. Er mochte nicht. Später sagte er mir das so: »Das ist nicht mein Tisch. Dahin gehöre ich nicht.«

Diese Geschichte eines Einzelnen lässt sich verallgemeinern. An diesen Tisch gehöre ich nicht. Fast bei jedem Taufgespräch oder Traugespräch höre ich: Ich glaube schon an Gott, aber mit dieser Kirche habe ich Probleme.

Warum meidet man mehr und mehr diesen Tisch und ist doch gleichzeitig voll von Bedürfnissen nach Heilung, nach einem stimmigen Leben, nach Harmonie?

Ich vermute, es ist hauptsächlich unsere mangelnde Liebe, die die Menschen sagen lässt: Das ist nicht mein Tisch. Da – bei euch, an diesem Altar – bin ich fremd. Glaubt ja nicht, dass Gott uns fremd sei. Ihr seid uns fremd geworden. Ihr redet eine Sprache, die nicht mehr die unsere ist. Ihr gebt Antworten auf Fragen, die wir nicht stellen. Sprecht uns nicht den Glauben ab. Ihr sitzt an diesem Tisch. Ihr habt ihn besetzt.

Ich vermute, es ist nicht die Kirchensteuer oder die Gottesdienstzeit am Sonntagvormittag oder die Vielfalt anderer Angebote. Ich meine, die Menschen spüren, dass es uns an Liebe fehlt. Ist das Tischtuch erst einmal zerschnitten – das gilt für die Gemeinschaft einer Ehe genauso wie für die Gemeinschaft in der Kirche –, dann ist der Weg zu neuem Vertrauen unendlich schwierig.

Die Liebe ist die größte unter den Kräften, sagt einmal Paulus. Die Liebe.
Aus ihr wächst die Ehrlichkeit, wächst die Gelassenheit, der Mut, der Glaube, die Treue, der Frieden und das Recht. Eben alles. Durch sie heilen Wunden und gehen Menschen mit freiem Blick durch den Tag. Wenn die Liebe fehlt, kann ich sonntags mit Engelszungen predigen, eine Rockband spielen lassen oder meditativ im Altarraum tanzen. Wenn die Liebe fehlt, grenze ich aus. Und das hat er nicht getan, der, auf den wir uns berufen und in dessen Namen wir einladen.

Für Menschen mit Heimat:
Kein Fremder durfte draußen zur Nacht bleiben, sondern meine Tür tat ich dem Wanderer auf. (Hiob 31,32)

Die Quelle des Lebens

Wo finde ich Gott?
Wo ist die Quelle des Lebens?

Ich wünsche mir, dass nicht die Kleinkariertheit der Besserwisser und die Ängstlichkeit der Bürokraten die Richtung der Antwort bestimmt. Ich suche die Antwort bei den Verletzlichen, bei den Querdenkern, bei den Beherzten. So einer war der Mann aus Nazareth, ein verletzlicher, beherzter Querdenker.

Von Franz von Assisi wird erzählt: Franziskus hatte angefangen, in allen Dingen Gott zu lieben. Eines Tages kam er zur Quelle und sprach:»Schwester Quelle, erzähle mir von Gott!« Die Quelle sprudelte auf, als ob sie reden wolle. Dann wurde sie ruhig, und auf dem Grunde des Wassers sah Franziskus das Bild der Klara, der Frau, der er verbunden war.
Franz ging weiter und kam zu einem Mandelbaum.»Bruder Mandelbaum, erzähle mir von Gott!«, bat er ihn. Franziskus hörte ein Rauschen in den Zweigen des Mandelbaums, und der Baum stand plötzlich in Blüten, obwohl es nicht seine Zeit war. Franziskus traf endlich auf einen alten Mann, und auch ihn bat er:»Erzähle mir von Gott!« Der Alte nahm ihn mit durch eine Stadt zum Quartier der Armen, wo die Frauen die Wäsche wuschen, ihre Kinder spielten und wo die Ärmsten um Brot bettelten. Der alte Mann öffnete seinen Sack und verteilte Brot an die Armen, und die Armen verteilten es untereinander. Und je mehr sie untereinander teilten, desto reichhaltiger wurde das Brot. Da sprach der Alte:»Unser Vater!« Und nach einer Weile wiederum:»Unser Brot!«

Diese Einfachheit fasziniert seit bald 1000 Jahren. Es sind die einfachen, die naheliegenden Dinge, die Franziskus zur Quelle werden: das Brot, im rechten Maß geteilt; die Blüten des Mandelbaums zur Unzeit. Zur Verschwendung. Und in der Quelle das Gesicht des Menschen, der ihm am nächsten stand, Klara.

Wo kann ich Gott finden?
Er ist der Morgen und der Abend meines Tages.
Er ist das Gesicht im Spiegel und die Verkäuferin im Großmarkt.
Er ist im Wind, der am Morgen den Regen und am Mittag die Sonne bringt.
Er ist verflochten in meinen Alltag, wie meine Liebe verflochten ist in diesen Tag zwischen Aufstehen und tiefem Schlaf. Damit weiß ich vielleicht noch nicht viel. Aber eine Entscheidung ist getroffen: Es gibt nicht mehr ein paar, die über Gott verfügen, die ihn unter Verschluss halten und bei günstigen Winden als Segel hissen. Gott ist da. Ist in mir. Ich bin in ihm. Das redet mir keiner mehr aus. Eben an diesem Punkt gibt es einen entscheidenden Streit: Sind der Wind, das Gras, der Fels, das Meer, der Nächste und bin ich selbst es wert, ein Ort Gottes zu sein, gar ein recht verständlicher und lesbarer Ort? Ich behaupte: Ja.

Gott ist da. Ist in mir. Ich bin in ihm. Das redet mir keiner mehr aus. Dieses Kleinod lasse ich mir nicht nehmen. Auch nicht auf dem »Dienstweg«. Gott ist »in der Welt« und ich bin »in ihm«. Er »braucht mich«, und das lasse ich mir nicht zwei Mal sagen.

Für Menschen, denen Gott ein Rätsel ist:
An jenem Tage werdet ihr erkennen, dass ich in meinem Vater bin und ihr in mir und ich in euch. (Johannes 14,20)

Höre auf, dein Kind anzuhimmeln. Beginne, es zu lieben

»Zehn Gebote«, zehn Ratschläge für Menschen, denen Kinder anvertraut oder geschenkt sind.

1. Kinder sind Kinder. Kinder sind keine kleinen Götter. Höre auf, dein Kind anzuhimmeln. Beginne, es zu lieben.
2. Es wäre schlimm, wenn dein Kind deinem Bild entspräche. Es ist nicht dein Ebenbild. Es ist Gottes Ebenbild. Es muss weder dein Geschäft übernehmen, noch deine unerfüllten Träume erfüllen. Es soll nur ein aufrechter Mensch werden. Das ist schon schwierig genug.

3. Übe rechtzeitig, dein Kind loszulassen. Eines Tages sind seine Wege nicht mehr deine Wege. Es tut weh, nur noch warten und zuschauen zu können. Habe Vertrauen in dein Gespür und deine eigene Erziehung. Und habe noch mehr Vertrauen in die Fürsorge Gottes.

4. Erzähle deinem Kind von der Güte Gottes. Die Sterne am Himmel, die Blumen auf der Wiese, der Sand am Meer und die Menschen, die uns begegnen, sind geschaffen und geborgen in Gott. Lass keinen Tag vergehen, an dem du mit deinem Kind nicht nach einem Grund gesucht hast, danke zu sagen.

5. Versuche nicht, den Willen deines Kindes zu brechen. Du brichst ihm das Rückgrat. Wer liebt, schlägt nicht. Wer liebt, schafft einen Raum, in dem der andere sich nicht mehr krümmen muss. Wer nicht gebeugt wird, sieht die Weite. Und wer die Weite sieht, verliert die Angst. Und wer die Angst verloren hat, ist ein Segen für seine Mitmenschen.

6. Du wirst und du darfst dein Kind enttäuschen. Aber was immer geschieht, du darfst sein Vertrauen nicht brechen. Du kannst Fehler machen, wirst ihm vieles schuldig bleiben, aber brich diese kleine, wichtige Brücke des Vertrauens nie ab. Und wenn es doch geschehen ist, entschuldige dich.

7. Schone Schwächere; richte Müde auf; versuche, unangenehme Zeitgenossen zu verstehen; weigere dich, auf Befehl zu lachen; achte Menschen mit Schwielen an den Händen – und dein Kind wird staunend bemerken, dass noch anderes zählt als Geldbeutel, Nationalität und Titel.

8. Sei ehrlich im Lob und in der Kritik. Spiele kein Mitgefühl, lass die Schau. Dein Kind erträgt jede Rüge und freut sich an jedem Lob, verkümmert aber an deiner Heuchelei.

9. Erziehe dein Kind zur Ehrfurcht. Mache es zu deiner Ehre, dass der, der Mangel leidet, auf deine Hilfe zählen kann. Übe das Teilen mit deinem Kind. Eines Tages wird es selbst auf diese Kunst angewiesen sein.

10. Lerne selbst wieder zu staunen. Nie wirst du einen so kundigen Partner haben bei der Entdeckung der Wunder und der Wunden dieser Welt. Wer mit den Augen von Kindern sieht, blickt in das Herz der Dinge und Menschen. Und wer in das Herz der Dinge und Menschen blickt, sieht sie, wie Gott sie sieht.

Im Übrigen: Die Zehn Gebote sind kein Strafkatalog, sondern eine Freiheitstafel.

Für Menschen, die Jesus Christus trauen:
Der Geist Gottes des Herrn ist auf mir, weil der HERR mich gesalbt hat. Er hat mich gesandt, den Elenden gute Botschaft zu bringen, die zerbrochenen Herzen zu verbinden, zu verkündigen den Gefangenen die Freiheit, den Gebundenen, dass sie frei und ledig sein sollen. (Jesaja 61,1)

Jesus Christus spricht:
Ich bin der Weg und die Wahrheit und das Leben;
niemand kommt zum Vater denn durch mich.

Johannes 14,6

Wer steht für den anderen auf?

Der du müde bist.
Der du die vielen Wege gegangen bist.
Der du die Liebe gesucht hast.
Der du gescheitert bist
an eigenen Schwächen und fremden Träumen.
Der du die Tiefen ausgelotet hast
und auf den Höhen gewandert bist.
Der du die Regeln selten gebrochen hast.
Der du keinem wehtun wolltest
und doch so viele gekränkt hast.
Der du beginnst, ehrlich zu sein.
Der du »ich« sagst und bei diesem Wort erschrickst.
Christus steht für dich auf!

Der Berliner Liedermacher Klaus Hoffmann singt:
Wer steht für den anderen auf?
Warum will es uns nicht gelingen, in ähnlich einfachen Worten zu übersetzen, was uns zu sagen »ans Herz« und »in den Mund« gelegt ist? Jesus Christus steht für dich auf!

Es ist einsichtig, warum Menschen auch heute noch (oder wieder) »religiös« sind: Sie träumen von gelingendem Leben, von der Erfüllung ihrer Wünsche und eigenem Anstand. Sie erleben täglich das eigene Scheitern. Was bleibt, ist die Einsicht in die eigenen Grenzen. Ein 15-Jähriger sagt mir: »Ich kenne meine Grenzen!« Ein 14-Jähriger in derselben Runde lacht darüber. Der Erste ist aufgebracht. Ich denke mir, es wäre doch gut, er kenne nicht nur seine Grenzen, sondern auch die Weite.
Das ist doch eine grandiose Freiheit, eine fast unendliche Freiheit, ein fast ewiges Spiel für die, die nicht mehr die Gesetze

einzuhalten versuchen, sondern wahrhaft daran glauben, dass ein Christenmensch eine »neue Kreatur« ist. Das müsste man uns doch abspüren! Gibt es doch keine Religion, die dem Menschen diese Weite schenkt, wie die christliche. Die Kirchen müssten blühen in den vielfältigsten Farben. Die kleinen Karos, die man vorgestern zum Berechnen von Plus und Minus brauchte, müssten ausgedient haben. Kinder bestimmten den Lauf der Uhr und Greise nähmen ihre Erfahrung nicht mit ins Grab. Lieder würden gesungen und Tänze getanzt, auch wenn dies gestern noch als unschicklich galt. Auf brachem Feld keimten die ersten Samen, und selbst auf hartem Stein brächen Blüten aus Knospen, kreuz und quer.

Für Menschen, die die Enge meiden:
Du stellst meine Füße auf weiten Raum. (Psalm 31,9b)

Agenda oder Acta

Eine »Agenda« – für Pfarrerinnen und Pfarrer ein gottes-
dienstliches Begleitbuch – beschreibt, was »noch zu tun ist«.
Die »Agenda 2010« des Bundeskanzlers Gerhard Schröder
oder die »Agenda 2020« der Europäischen Union beschreiben, was politisch, ökonomisch oder ökologisch zu tun ist,
damit das genannte Jahr ein gutes werden möge.
Die »Acta« nennt man die in der Lutherbibel als »Apostelgeschichte« beschriebenen Kapitel des Neuen Testamentes nach
Jesu Tod und Auferstehung. In den »Akten« liegt das, was bisher geschrieben, gesagt oder verhandelt wurde.

Ein Menschenleben besteht aus einem Konglomerat aus
»Acta« und »Agenda«.
Vor allem an »Schwellensituationen« steigt der Adrenalin-
spiegel, fragt man nach der Bilanz und dem zu gehenden Weg.
Schwellensituationen machen Angst. Deshalb auch die Sil-
vester-Shows, die Knallkörper, die lauten Riten in allen Kulturen, wenn das Jahr wechselt. Wir versuchen, uns als Kirche
auf diese Ängste einzustellen. Religion hat die zentrale Aufgabe, den Menschen die Angst zu nehmen.
Es wird »eng«. Das Jahr, das »Stundenglas« läuft aus, Zeit ver-
rinnt. Unter den Fingern zerrinnt sie wie Sand. Was im Früh-
ling kaum wahrgenommen wird, was im Sommer durch das
Fest der Sinne nicht auffällt, was im Herbst dazu führt, dass
man letzte Sonnentage feiert – jetzt wird es ernst. Jetzt geht es
aus. Jetzt kann man Tage, dann Stunden, am Ende Sekunden
herunterzählen. (Immer lauter.)

Zeit macht Angst. Zeit macht immer Angst, wenn sie begrenzt
ist. Leben macht Angst, weil es begrenzt ist. Aller Ängste
Schlagbaum ist der Tod.

Ich meine, man könne alle Charaktereigenschaften, die die katholische Lehre von den Todsünden zusammenstellt, zurückführen auf die Angst.

Superbia: Hochmut, Stolz – die Angst, klein zu sein, ohnmächtig, unbeachtet, am Rand.

Avaritia: Geiz, Habgier – die Angst, zu kurz zu kommen, leer auszugehen.

Invidia: Neid, Eifersucht – die Angst, schlechter, dümmer, ärmer zu sein als andere.

Ira: Zorn, Rachsucht – die Angst, es gäbe keine Gerechtigkeit, keinen Ausgleich, keine Ent-Schädigung.

Luxuria: Wollust – die Angst, es gäbe keine Befriedigung, morgen käme ich zu spät. Also heute mitnehmen, was geht.

Gula: Völlerei, Maßlosigkeit – wieder die Angst, zu kurz zu kommen, um Wesentliches betrogen zu werden.

Acedia: Trägheit, Überdruss, Depression – die Angst, Glück sich vorstellen zu können und es nie zu erreichen. Die Angst auch vor dem Tod.

Angst und Sünde hängen unmittelbar zusammen. Aber nun nicht die »gesunde Angst«, die mich daran hindert, Fehler zu machen. Im Gegenteil, die »kränkende Angst«. Die Angst, die mich verführt, Fehler zu machen. Die mich isoliert, die mich in die Hände der Händler treibt, mir den Schlaf raubt und den Boden unter den Füßen wegzieht. Angst, die mich an meinen Beziehungen, an meiner Vergangenheit, an meinem »Besitz« kleben lässt wie die Fliege am Leim. (Johannes 8,33)

Vielleicht hat das damals dieser scheinbar robuste, aber so sensible Augustinermönch Martin Luther besonders gut verstanden: Ich schaffe es nicht, aus mir selbst heraus vor Gott gerecht zu sein. Ich kann mich verfluchen und quälen – was herauskommt, ist nur der alte Kerl. Der alte, in seinen Ängsten verkrümmte Mensch. Der sich sich selber vorwirft. Der so in die Enge getrieben ist, dass er sich sich selber zum Vorwurf macht: Ich kann das nicht. Ich bin schlecht. Ich bin dumm. Ich bin klein. Ich bin zu ... Zu schlecht, zu dumm, zu klein, zu wenig lieb, zu wenig gottesfürchtig, zu wenig fromm. Ich bin »zu ...«. Zu mit Ängsten.

Acta und Agenda – was ist getan, was bleibt zu tun? – sind keine heilsamen Gradmesser an Schwellen. Es bleibt immer noch mehr zu tun, als getan ist. Es bleibt meist eine Menge Nicht-Gelungenes. Das erschwert das Ganze.

Ich traue dem Wort einer Kirche, die dieses Dilemma kennt. Sie wird nicht die Todsünden (Acta) abfragen und dafür die entsprechende Eigenleistung (Agenda) abverlangen. Sie wird den Blick und das Herz weiten, für Kommendes öffnen, und die »Acta« des Jesus Christus befreiend – pro nobis, für uns – nacherzählen. Die »Agenda« hätte dann nur einen Punkt: Vertrauen.

Für Menschen, die Jesu Acta vertrauen:
Seid in ihm verwurzelt und gegründet und fest im Glauben, wie ihr gelehrt worden seid, und seid reichlich dankbar. (Kolosser 2,7)

Was am Ende bleibt

Wenn er ein Held gewesen wäre. Er war keiner. Er war ein Mensch. Ganz und gar kein Held, starb er, wie so viele sterben. Keine Akte, kein Nachruf, keine Notiz, keine Sympathisanten, kein eigenes Grab. Dass der Gott der Bibel mit ihm beginnt, die Zukunft der Menschen auch über den Tod hinaus zu gestalten, das macht mich nicht nur stutzig, das überzeugt mich.

Ich sage mir: Du kannst tausend Erklärungen für Irrwege und hundert Bilder für deine Schuld finden. Du magst schöne Lieder singen, den Gehetzten in Ruhe unterweisen und dem Müden einen Strohhalm aufrichten – du bleibst zurück hinter deinen Träumen. Warum willst du partout dein »eigener Herr sein«? In Christus ist Freiheit.

Er hat die »Mühseligen« gerufen und die »Beladenen« eingeladen. Du bist dabei, aufs Neue zu trainieren wie ein Schüler für den Vokabeltest. Du lernst auswendig. Du machst, was man dir sagt. Du studierst wie die alten Ägypter oder die Tibeter ein »Totenbuch« für den rechten Übergang. Warum willst du nicht blind gehen an der Hand eines Kindes? Gib deinen Stolz weg.

Sein Kreuz schreckt dich ab. Du willst nicht, dass einer sich für dich gibt. Du willst keinen Tropfen Blut auf deiner Bilanz. Die weiße Weste möge bis zum Schluss gelten. Du weißt es selbst: Im Grunde muss immer einer in den Dreck, damit der andere lebt. Im Grunde bleibt nur die Frage: Trage ich meinen »Kampf« selbst aus oder lasse ich einen anderen für mich »streiten«? Ich möchte dich einladen, dich von deinem »Schicksal« zu befreien.

Seine Auferstehung ist ein Rätsel. Weiß Gott, mir auch. Und dennoch setze ich lieber mein Vermögen auf diesen Verlierer als auf tausend andere Gewinner. Du weißt selbst, dass der heutige Gewinn morgen eine Last sein kann. Sein Verlust ist dein Gewinn.

Ich weiß, sein Anspruch ist grandios. Man kann nicht nur halb »Christ« sein. Wenn eines Tages an der »Pforte« dein Name aufgerufen wird und du aufstehst, um dich zu melden, wirst du endlich verstehen, was Segen und Versöhnung ist. Der Mensch an der Rezeption wird in seinen Büchern blättern, vor und zurück, zurück und vor. Und er wird unter deinem Namen nur einen Eintrag finden. Und nach diesem Eintrag kannst du passieren. Hab' keine Angst, die Weite endlich auszukosten. Ist alles beglichen. Das Konto, die Schuld – ist alles beglichen. Und du wirst leben.

Bleibt am Ende doch nur das eine, was sie damals gegen jede Erfahrung – verrückt – an Kirchentüren schrieben und zu Papier brachten: »Mein einziger Trost im Leben und Sterben? Dass ich meines getreuen Heilands Jesu Christi eigen bin!«[13]

Weg, Wahrheit und Leben.
Es wird das, als was du es nimmst.

Für Zauderer:
Ihr werdet die Kraft des Heiligen Geistes empfangen und werdet meine Zeugen sein. (Apostelgeschichte 1,8a)

Anmerkungen

1 Karl Rahner, Sämtliche Werke Bd. 1, Frühe spirituelle Texte und Studien, Freiburg 2014, S. 193-195 i. A.

2 Martin Buber, Die Erzählungen der Chassidim, Zürich 1990, S. 185

3 Arno Geiger, Der alte König in seinem Exil, München 2011, S. 11

4 Diese Anekdote wird ursprünglich erzählt von Hodscha Nasreddin, dem türkischen Eulenspiegel, aus dem 14. Jh. Siehe: H. von Campenhausen, Theologenspieß und -spaß, Göttingen 1988, S. 57

5 Frankfurt 1981, S. 29ff

6 Gerhard Engelsberger, Stille heilt, Stuttgart 1999, S. 43

7 Wislawa Szymborska, Glückliche Liebe und andere Gedichte, Frankfurt 2012, S. 65

8 Christa Wolf, Kassandra, München 1997, S. 122 »Ich sage ihnen: Wenn ihr aufhörn könnt zu siegen, wird diese eure Stadt bestehn. Gestatte eine Frage, Seherin – (Der Wagenlenker.) – Frag. – Du glaubst nicht dran. – Woran. – Daß wir zu siegen aufhörn können. – Ich weiß von keinem Sieger, der es konnte. – So ist, wenn Sieg auf Sieg am Ende Untergang bedeutet, der Untergang in unsere Natur gelegt?«

9 Paul Schütz, An den Menschen, Ges. Werke IV. Hamburg 1971, S. 453

10 Nach Richard Friedenthal, Luther. Seine Zeit und sein Leben, München 1967, S. 647

11 Erwin Mülhaupt, D. Martin Luthers Evangelien-Auslegung, Vierter Teil, Göttingen 1977, S. 237

12 Wislawa Szymborska, Hundert Freuden, Gedichte, Suhrkamp-Verlag Frankfurt 1986, S. 147

13 Otto Weber (Hrsg.), Der Heidelberger Katechismus, Gütersloh 1986, S. 15